Sampat Pal

Sampat Pal est la fondatrice et le leader d'un groupe d'activistes politiques en Inde, dans l'État d'Uttar Pradesh, au nord-est du pays. Elle a été mariée à neuf ans, bien que la loi indienne l'interdise, et a donné naissance à cinq enfants. Le Gulabi Gang est le nom qu'elle a donné à son groupe de femmes vêtues de saris roses créé en 2006.

Retrouvez toute l'actualité de Sampat Pal sur www.gulabigang.org

Moi, Sampat Pal,
chef de gang en sari rose

SAMPAT PAL

MOI, SAMPAT PAL, CHEF DE GANG EN SARI ROSE

En collaboration avec Anne Berthod

Document

ÉDITIONS

Le papier de cet ouvrage est composé de fibres naturelles, renouvelables, recyclables et fabriquées à partir de bois provenant de forêts plantées et cultivées durablement pour la fabrication du papier.

ISBN 978-2-266-19281-1

Prologue

Il est 8 heures du matin. Je me prépare en répétant des gestes devenus mécaniques avec le temps. Dans la pénombre de ma petite chambre, la même qui me sert de quartier général depuis deux ans, je remonte mes longs cheveux en chignon. Puis je déplie mon sari rose pour l'enrouler autour de moi. De l'extérieur me parvient déjà la clameur de la foule, une foule sur le pied de guerre, qui n'attend qu'un mot de moi pour se soulever et crier plus fort encore. Ça y est, je suis prête. J'attrape mon bâton et sors enfin sous le porche. Au moment où je passe la porte, une forêt de bâtons se dresse dans le ciel et un chœur de voix enthousiastes m'accueille en rugissant :

— Gulabi gang ! Gulabi gang !

La rue, d'ordinaire si calme à cette heure matinale, est en ébullition. Je réponds aux membres de mon gang avec les mêmes mots, galvanisée par le spectacle qui s'offre à moi : la route cabossée d'Atarra et les petites maisons de béton qui la bordent ont disparu, englouties par une véritable marée rose. Cette nappe humaine se compose de femmes de tout âge, revêtues de l'uniforme de notre gang, ce sari fuchsia qui nous a rendues célèbres. Elles sont environ cent cinquante, peut-être deux cents. La plupart sont issues de castes inférieures et vivent dans des conditions misérables. Pourtant, elles n'ont pas hésité à quitter leur foyer, à laisser en plan leurs modestes activités pour répondre à mon appel. Certaines sont venues en carriole ou en taxi collectif de villages proches, d'autres ont fait du stop ou ont pris le train pour parcourir pendant la nuit plusieurs dizaines de kilomètres. Il a suffi, hier soir, que je passe quelques coups de fil à mes différentes collaboratrices basées dans les villages des environs. En quelques heures, elles ont fait passer le mot autour d'elles, en allant frapper aux portes et en multipliant les annonces sur les places :

— Sampat Pal a besoin de vous. Présentez-vous à son bureau demain matin à la première heure. Et venez en tenue !

Toutes celles qui pouvaient se libérer ont répondu à l'appel, enfilé leur sari rose et agrippé farouchement leur bâton : elle a fière allure, mon armée de justicières ! En attendant les retardataires, je slalome entre les unes et les autres pour stimuler mes troupes. Coincé dans ma blouse, mon téléphone portable ne cesse de sonner. Quand ce n'est pas une femme de mon gang qui m'annonce l'arrivée d'un groupe de nouvelles venues, c'est un journaliste qui s'assure que notre expédition va bien avoir lieu. Car, évidemment, je ne manque jamais d'avertir la presse de nos raids : plus les spectateurs sont nombreux, plus nous avons de chances d'être entendues. Et aujourd'hui, je sens que nous allons faire du bruit !

Fébriles, les femmes ont du mal à cacher leur impatience. Ça jacasse, ça rit, ça trépigne dans tous les sens. Certaines s'entraînent à donner quelques coups de bâton pour calmer leur ardeur : rien de tel pour intimider l'adversaire… ou pour faire entendre raison à un fonctionnaire un peu dur d'oreille. Car ces femmes ne sont pas là pour le plaisir de se déguiser, elles sont là parce qu'elles sont en colère et veulent le faire savoir. Le soleil est déjà haut dans le ciel, il est temps de partir. Enfin, je donne le signal de départ :

— *Challo*[1] !

La procession se met en branle. À la tête de ce flot de saris roses, j'entonne nos slogans habituels :

— Gulabi gang ! Gulabi gang ! Attention, nous voilà ! Vous n'avez qu'à bien vous tenir, car le Gulabi gang vaincra !

Ces refrains agissent sur nous comme autant de mantras. C'est une façon de nous chauffer avant la bataille. Au fur et à mesure que nous progressons dans les rues d'Atarra, les habitants, attirés par le raffut, sortent de chez eux pour nous regarder passer. Chaque fois, c'est la même chose : ils sont fascinés. Beaucoup s'engouffrent dans notre sillage, pressés de savoir où nous nous rendons. Cette meute de curieux sur les talons, nous sommes maintenant chauffées à blanc et nos joues sont de la même couleur que la tenue que nous portons. En nous voyant débouler au bout d'une rue, les passants s'entassent sur les côtés pour nous faire de la place. Nous ne formons plus qu'une énorme vague rose vif qui balaie tout sur son passage. Au bout d'une demi-heure, nous arrivons à destination : le commissariat de police de la ville. Je lève mon bâton pour stopper la marche : tout le monde s'immobilise immédiatement et, soudain, le silence se fait. Aucun bruit ne filtre du bâtiment en face de moi. Pourtant, je vois bien que des policiers nous regardent par les fenêtres.

1. Allons-y !

— Messieurs les policiers, sortez de là, nous avons à vous parler !

— …

— Nous ne bougerons pas d'ici avant de l'avoir fait !

Un homme sort alors et s'avance vers moi.

— Eh bien, que voulez-vous ?

— Nous voulons porter plainte.

— Contre qui ?

— Des chefs de village corrompus, qui détournent l'argent du gouvernement destiné aux plus pauvres.

— De quoi parlez-vous ?

— De ces *pradhans* [1] qui doivent donner du travail aux plus pauvres, payé par les fonds du gouvernement. Certains d'entre eux prétendent qu'il n'y a pas de travail, pas d'argent. Mais j'ai vérifié, l'argent a bien été versé. Où est-il parti ?

— Et vous aviez besoin de déplacer tous les habitants de l'Uttar Pradesh pour déposer votre plainte ?

— Malheureusement oui, et vous le savez parfaitement. Cela fait des mois que nous enquêtons sur ces détournements de fonds publics. De nombreuses personnes ont déjà tenté de porter plainte individuellement au poste de police de leur village. Chaque fois, vos agents les ont jetées dehors ou ont refusé d'enregistrer leur plainte. Vous, les policiers, vous êtes comme tous les fonctionnaires, corrompus jusqu'à l'os !

— Je ne vous permets pas !

— Vous ne me permettez pas de dire la vérité, mais vous permettez que la police de ce district ne fasse pas son travail.

— Je n'y suis pour rien.

— Comment osez-vous dire une chose pareille ? Ces

1. Chefs de village.

agents dépendent de vous. Vous devez les contraindre à enregistrer nos plaintes : ils sont payés pour ça.

— Hum… Bon, je vais voir ce que je peux faire.

— Ne vous contentez pas de voir, agissez !

— Mais enfin, qu'attendez-vous de moi ?

— Que vous enregistriez notre plainte contre les *pradhans* incriminés, sur-le-champ. Puis que vous suspendiez les policiers qui ont refusé d'appliquer la loi : ils ne sont pas dignes de représenter l'autorité.

— Ce n'est pas à vous d'en décider.

— Non, c'est à vous, justement. Prenez garde, si vous ne faites rien, la prochaine fois, je rameuterai toutes les femmes du pays. Et si vous ne faites toujours rien, nous irons voir le magistrat du district. Et s'il ne fait rien non plus, nous irons voir le ministre en chef de l'État, et pourquoi pas le Premier ministre à New Delhi !

Cet agent de police me prend de haut, mais je sais qu'il va l'enregistrer, notre plainte. Car s'il est facile d'envoyer bouler une femme seule, il est impossible de se débarrasser d'une centaine d'entre elles. C'est pour cela que j'ai créé le Gulabi gang il y a deux ans : pour faire pression et réclamer justice. Pourquoi une bande de femmes ? Parce que c'est grâce à elles que la société changera. Elles sont les plus vulnérables, mais aussi les plus fortes, car plus solidaires que ne le seront jamais les hommes. Unies, nous avons le pouvoir de renverser l'ordre établi.

Je n'ai rien vécu d'exceptionnel et n'ai pas plus souffert que les autres. Née dans une famille pauvre, issue de l'une des castes les plus méprisées et n'ayant pas fait d'études, je suis juste une femme comme il y en a des millions en Inde. Mon mari m'a été imposé, mon milieu, je l'ai subi pendant longtemps : comme tant d'autres, j'aurais pu devenir une victime. Mais un jour, j'ai dit « non » à la loi des hommes. Cela n'a pas été facile, mais j'ai réussi à choisir ma vie. Aujourd'hui, je suis chef de gang et je défends toutes les victimes d'injustices : des gens pauvres, exploités, rackettés, expropriés, méprisés par la société, victimes de violences arbitraires et de fonctionnaires corrompus. Je sais que ma cause est juste. Cette certitude m'enlève toute peur. L'autorité ne m'impressionne pas. J'apostrophe un commissaire de police de la même façon que je sermonne un paysan de ma propre caste de bergers. Je le menace avec la même virulence, le harcèle avec autant de détermination. Je ne suis pas très grande, mais je suis dotée d'une constitution solide et je sais jouer de mon regard perçant pour en imposer. Ma voix est puissante, les gens m'écoutent. Je suis une femme : pour me faire entendre, il faut que je crie plus fort que les autres. De façon pacifique dans la mesure du possible. Avec les poings si nécessaire.

1

À l'école incognito

Je m'appelle Sampat Pal Devi. *Pal*, en hindi, signifie « berger ». Tous ceux de ma caste portent ce nom. Ma caste, ce sont les Gadarias, les gardiens de troupeaux. Dans ma famille, on élève du bétail et on cultive la terre de père en fils depuis des générations. L'Uttar Pradesh, où je vis, est un État très rural du nord de l'Inde. Ici, il n'y a que des champs, des rizières et des buffles à perte de vue. Y compris à Kairi, le village où je suis née, planté au milieu des champs. Je ne connais pas ma date de naissance, mais je sais que c'était il y a quarante-sept ans : probablement en novembre, juste avant ou juste après le jour de Divali, la grande fête des lumières.

Mes parents, Ramasrey et Gudia Pal, étaient des gens très simples, illettrés tous les deux. Ils ont passé leur vie à se tuer à la tâche. À la maison, je ne voyais que rarement mon père. Quand il n'était pas en train de retourner la terre, Bappa s'occupait de ses vaches et de ses chèvres. Il rentrait très tard, mangeait en silence et filait directement se coucher. Amma l'aidait parfois pour les petits travaux agricoles. Le reste du temps, elle s'occupait des corvées domestiques. C'étaient des gens pudiques, qui ne montraient rien de leurs sentiments. C'est à peine s'ils se parlaient tous les deux. Quand Bappa rabrouait Amma, elle ne répondait pas, se contentant de baisser la tête. Ils ne dormaient pas ensemble. À la campagne, les moments d'intimité sont rares.

Avec leurs enfants, c'était pareil. Jamais mes parents ne m'ont témoigné de tendresse. Aucun geste affectueux, pas même une caresse sur la tête. Ils m'aimaient pourtant, mais, là d'où je viens, une mère qui cajole son enfant, c'est indécent. J'ai toujours connu ma mère voilée. Devant mon père ou ma grand-mère, elle se couvrait la tête avec l'extrémité de son sari. Elle se dévoilait rarement, même en ma présence. Amma était belle pourtant, avec sa peau claire et sa taille élancée.

L'affection, c'est Dai, ma grand-mère, qui me la donnait. C'est elle qui m'a légué ses yeux jaunes : les « yeux de chat » comme on les appelle, signes de ruse et de duplicité à en croire les gens d'ici. En véritable maîtresse de maison, Dai n'était tendre avec personne, et encore moins avec ma mère. Mais moi, c'était différent : longtemps, je suis restée la seule enfant de la maison, ce qui m'a valu d'être très gâtée par tous. Ma grand-mère ne faisait pas exception. J'étais collée à ses jupes toute la journée. Elle me préparait souvent des douceurs, avec beaucoup de crème. Le frère cadet de mon père et sa femme, qui vivaient sous notre toit, m'adoraient eux aussi. À l'époque, ils n'arrivaient pas à procréer et me considéraient comme leur fille. Kakka, mon oncle, me portait sur ses épaules pendant des heures et m'emmenait partout avec lui. Alors que mon père était si distant, lui ne ratait pas une occasion de me faire des risettes. Entre Dai et Kakka, je recevais beaucoup d'amour. J'étais une enfant heureuse, à qui on n'imposait aucune corvée.

La seule période de l'année où mon aide était requise était celle de la mousson, au début de l'été. C'est un moment crucial pour les agriculteurs, qui doivent repiquer les semis de riz dans les rizières inondées. Ce travail très fastidieux exigeant une main-d'œuvre importante, tout le monde était réquisitionné chez nous, y compris les plus petits comme moi, chargés de surveiller les jeunes pousses, afin d'empêcher les buffles de venir les brouter. Le matin, nous partions dans les champs avec, dans un petit sac, un morceau de pain beurré pour le déjeuner. Nous revenions à la maison en fin d'après midi. Pendant la journée, on nous laissait sans surveillance. Il y avait tellement d'enfants que nous nous gardions les uns les autres. Ce n'était pas très fatigant et cela ne nous empêchait pas de jouer. Il suffisait de jeter un œil sur les semis de temps en temps.

Un matin, alors que nous nous amusions à nous éclabousser avec les autres, j'ai vu des garçons marcher en file indienne sur l'étroit chemin qui traversait le champ. Ils avaient mon âge et leur tenue a attiré mon attention. Ils étaient propres et bien mis, pas du tout habillés pour aller patauger dans les rizières. Le jour suivant, ils sont repassés à la même heure, vers 7 h 30. J'ai interrogé mes camarades. Les plus grands m'ont répondu que ces garçons devaient sûrement aller à l'école. L'école ? Bien sûr, le mot m'était familier. Mais je ne savais pas vraiment ce qu'on y faisait. Il me semblait que c'était là qu'on envoyait les fils de riches pour apprendre à lire et à écrire. À la campagne, très peu de parents y inscrivaient leurs enfants. Comme beaucoup d'agriculteurs, mes parents, qui n'avaient pas été à l'école eux-mêmes, estimaient que les garçons étaient plus utiles aux champs. Pour les filles, la question ne se posait même pas. On n'a pas besoin de lire et d'écrire pour faire cuire un *chapati*[1].

Ces garçons allaient donc étudier. Pendant ce temps, j'avais les pieds dans la gadoue. L'école, c'était l'inconnu, attirant comme un fruit défendu. C'est devenu une obsession : il fallait que je voie à quoi ressemblait un tel endroit. Un matin, au moment du passage des gamins, j'ai suivi mon instinct. J'ai planté là mes camarades, abandonné les plants que l'on m'avait confiés et suivi les enfants sur le chemin. Je n'ai pas réfléchi à ce que je faisais, c'était plus fort que moi.

Nous avons marché longtemps à travers champs. Quand nous sommes arrivés à Kairi, il était presque 8 heures. Les garçons se sont dirigés vers le centre du village. Sur la place, un bâtiment en torchis résonnait de piaillements d'enfants. C'était une sorte de préau, ouvert sur l'extérieur, sous lequel une cinquantaine d'élèves, essentiellement des garçons, étaient en train de s'engouffrer joyeusement. Une cloche a sonné et tous se sont assis sur le sol en terre battue de cet espace sans murs ni fenêtres, qui visiblement tenait lieu de classe. Je suis restée à bonne distance, de peur d'être repérée. Je ne voulais surtout pas qu'on me demande ce que je faisais là.

Sur la place régnait désormais un grand silence. On entendait seulement le maître d'école, qui accueillait ses élèves.

1. Pain traditionnel indien.

— *Namaste* [1] !

Les élèves se sont levés et lui ont répondu tous en chœur : « *Namaste !* »

— Asseyez-vous. Aujourd'hui, nous allons commencer par l'alphabet. Sortez vos ardoises.

Je me suis assise sur mes talons en remontant mon sari crotté, à une dizaine de mètres de là. Les élèves me tournaient le dos. J'étais un peu loin pour entendre ce que le maître disait, mais je voyais tout ce qui se passait dans la classe. Le maître s'est retourné et a tracé avec sa craie un étrange dessin sur le tableau noir. Ce devait être une lettre ou un mot. J'en avais déjà vu, sur de rares papiers officiels que mes parents gardaient à la maison. De là où j'étais, je ne distinguais pas très bien le dessin. J'ai regardé autour de moi. Personne. Tout en restant accroupie, je me suis rapprochée de quelques pas, en avançant comme un canard. Une des colonnes de pierre du préau me gênait la vue maintenant. J'ai avancé la tête et tendu le cou au maximum. Je distinguais mieux ce qui était inscrit au tableau. Le maître a désigné le dessin du bout de la baguette :

— « K », comme *kabootar*. Répétez après moi.

Kabootar veut dire « animal » en hindi. Je ne savais pas parler hindi, mais ce mot-là, je le connaissais. À la maison, on parlait seulement le banfari, un dialecte local. Les enfants ont repris en chœur :

— « K », comme *kabootar* !

Sans m'en rendre compte, j'avais ouvert la bouche en même temps qu'eux. Je ne faisais plus attention aux passants sur la place. J'étais hypnotisée par le dessin sur le tableau. Cela voulait-il dire « animal » ? Je n'en

1. « Bonjour » en hindi.

savais rien. Les yeux plissés, je me suis concentrée de toutes mes forces pour en mémoriser les traits.

— Recopiez cette lettre sur votre ardoise. Et faites attention, je passe dans les rangs pour vérifier que vous vous appliquez !

J'ai vu tous les élèves se pencher sur leurs genoux. Comme c'était frustrant ! Avec quoi pouvais-je les imiter ? Avec mon doigt peut-être ? Pas de chance, la terre au sol était encore trop humide, mon index ne laissait pas de trace. Le soleil n'était pas assez haut. Il me fallait patienter. J'ai attendu que le maître passe à la lettre suivante.

— « Kh », comme *Khargosh*. Répétez s'il vous plaît.

Khargosh, le lapin… Cette lettre me laissait rêveuse, elle aussi. J'étais fascinée. Pour l'instant, je trouvais ça plutôt amusant d'apprendre à lire. Ces nouvelles sonorités étaient un peu déroutantes, mais elles n'étaient pas difficiles à assimiler. Pendant que les élèves blanchissaient leur ardoise, je répétais inlassablement ces deux lettres à mi-voix. Quand la terre a enfin séché au sol, il était trop tard pour s'essayer au graphisme : le maître venait de faire ranger les ardoises pour passer aux mathématiques. « Mathématiques » : quel drôle de mot ! En fait, il s'agissait de compter. Là encore, j'ai répété les chiffres énumérés par le maître à voix basse. Facile ! Décidément, l'école, j'aimais ça. On ne voyait pas le temps passer. Lorsque la cloche a sonné, je n'ai pas réalisé tout de suite qu'il était déjà midi. Quand j'ai vu tous les élèves se ruer dehors, je me suis levée d'un bond et j'ai filé en vitesse. À la rizière, j'ai rejoint les autres qui attaquaient leur casse-croûte.

— Alors, c'était bien l'école ?

— Ouais, pas mal.

Je n'avais pas envie d'en parler. Que pouvaient-ils

comprendre ? Il fallait le vivre ! J'ai mordu dans mon morceau de pain avec appétit. Il me tardait d'être au lendemain…

Le jour suivant, j'ai à nouveau emboîté le pas aux garçons qui passaient à la queue leu leu. Sur le chemin, je chantonnais. Arrivée à l'école, je me suis installée à la même place que la veille et, dès que la cloche a sonné, je me suis replongée avec fascination dans la leçon du jour. J'observais les moindres faits et gestes du maître, buvant ses paroles que je répétais tout doucement, de peur qu'on m'entende. À la fin du cours, je me suis rendu compte que je n'étais plus qu'à quelques mètres de la classe. Je ne me souvenais même pas de m'être déplacée. Sans doute le maître avait-il pris conscience de ma présence. En tout cas, cela ne semblait déranger personne. Je suis revenue le lendemain. Puis le surlendemain. J'avais repéré dans la classe un garçon que je connaissais. Ramdev Patel était un peu plus âgé que moi. C'était un de mes voisins et je jouais souvent avec lui. Je lui ai demandé de m'expliquer deux ou trois choses que je n'avais pas comprises. Ces inscriptions du maître sur le tableau noir désignaient-elles des lettres ou des mots ? Combien y en avait-il au total ? Et un alphabet, c'était quoi ? Les élèves avaient beaucoup d'avance sur moi. Ramdev Patel a accepté de m'aider. Après les cours, il prenait dix ou quinze minutes pour me faire répéter les lettres apprises en classe. Inlassablement, je récitais :

— « K », comme *kabootar*, « Kh », comme *khargosh*, « G », comme *gamla*, le pot de fleur, « Gh », comme *Ghadi*, regarder… *Kabootar, khargosh, gamla, ghadi… Kabootar, khargosh, gamla, ghadi…*

Au bout d'une semaine, je connaissais mon alphabet par cœur. C'était comme un jeu. Très vite, je me suis familiarisée avec l'hindi. Quand je ne comprenais pas un mot, Ramdev Patel me l'expliquait à la sortie de la classe. À l'école, je ne me cachais plus. Je restais à l'extérieur du préau, mais, maintenant, j'étais à moins de deux mètres des autres. À la fin de la matinée, je courais jusqu'aux champs pour reprendre discrètement mon poste.

Pendant ce temps, mes jeunes pousses de riz étaient à l'abandon dans les champs. Un jour, un animal, je n'ai jamais su lequel, a mangé tous les plants que je devais surveiller. Mon oncle, qui passait faire des rondes d'inspection dans la journée, n'a pas tardé à s'en apercevoir. Il est entré dans une grande colère, a hurlé sur les enfants qui étaient présents, en leur demandant où j'étais passée. Et mes camarades ont vendu la mèche.

Je ne me doutais de rien. Accroupie près de la classe, j'étais occupée à tracer des lettres dans le sable avec un bâton quand j'ai senti une présence au-dessus de mon épaule. J'ai relevé la tête et j'ai eu la plus grosse peur de ma vie. Mon oncle, furieux, me dominait de toute sa hauteur, me regardant en roulant les yeux. À contre-jour, sa présence était plus effrayante encore. Mon ventre s'est noué d'angoisse, j'ai cru qu'il allait me battre. J'avais tort. En quelques secondes, le visage congestionné de mon oncle s'est détendu et il a éclaté de rire.

— Mais enfin, Sampat, qu'est-ce que tu fais ?

— Eh bien, je fais comme les élèves en classe. J'essaie d'apprendre à écrire…

— Ça alors ! Toi, tu m'étonneras toujours !

Mon oncle n'était pas fâché. Il était tout simplement émerveillé. De jubilation, il m'a attrapée et fait sauter dans les airs. Je n'en revenais pas de m'en tirer à si bon compte. À partir de ce moment-là, j'ai commencé à respirer : fini les cachotteries. Je pouvais enfin m'entraîner au vu et au su de tous. Mes parents n'ont fait aucun commentaire, se rangeant à l'avis de mon oncle. Kakka était le frère cadet de mon père, mais c'était lui le véritable chef de famille. Seul de la fratrie à être allé à l'école, il avait obtenu un bon métier dans l'ingénierie agricole après son bac. Mais mon grand-père l'avait poussé à revenir travailler aux champs. Kakka s'était résigné, à contrecœur. Aussi a-t-il très bien compris mon désir d'aller à l'école. Car tracer des lettres dans la terre ne me suffisait plus. Je voulais avoir mon ardoise moi aussi, être une élève à part entière. Apprendre à lire, à écrire et à compter… J'en rêvais. À force de m'entendre le supplier tous les jours de m'envoyer en classe, mon père a fini par céder. Après tout, si mon oncle était d'accord…

Celui-ci m'a accompagnée pour m'inscrire à l'école, où le maître m'a fait passer un test pour évaluer mon niveau. Il faut croire que le résultat l'a impressionné, parce que j'ai été intégrée directement en dernière classe de primaire ! Ça paraît peut-être étonnant, mais, dans mon souvenir, c'est ainsi que cela s'est passé. Une chose est sûre : j'étais une élève brillante pour mon âge, avec des dispositions évidentes. Cette année a été fantastique. Ma soif de connaissances était inépuisable. Mon oncle a accepté de me donner des cours supplémentaires à la maison. Ces petites leçons particulières avaient lieu très tôt le matin, bien avant l'heure de se rendre à l'école ou d'aller travailler aux champs. Ma mémoire était excellente : il suffisait que l'on m'explique quelque chose une fois pour que je le retienne. À l'école, personne d'autre que moi, même chez les plus grands, ne pouvait compter en anglais jusqu'à cinquante ! Je suis devenue la première de la classe. À la fin de l'année, le maître nous a donné un petit devoir à faire à la maison. Nous devions répondre, en quelques lignes, à la question suivante : « Si votre mère était enterrée le jour de votre examen final, que feriez-vous ? »

Je fus la seule à répondre comme je l'ai fait : « Cela ne m'empêcherait pas d'aller passer mon examen. Rester à la maison ne lui rendrait pas la vie. Et, si je ratais mes examens, je perdrais une année. Sans compter que ma famille attendrait que je revienne pour me permettre d'assister aux funérailles. »

Mon bon sens pratique a fait son petit effet. Mon professeur a jugé mon argumentation si pertinente qu'il a décrété que je devais sauter plusieurs classes et passer directement en quatrième. Je le jure, c'est ainsi que cela s'est passé !

L'année suivante, mon oncle a continué de m'instruire à la maison. À l'école, j'étais la plus curieuse de tous. Je harcelais mon professeur de questions sur la grammaire, le calcul ou la géographie. Même la phonétique me passionnait. Je passais des heures à réfléchir à la façon de prononcer les mots en hindi. J'avais remarqué que certaines lettres ne se prononçaient pas de la même manière en fonction des mots et des phrases, que placer la langue différemment sur les dents pouvait en changer le sens. Quand je faisais part de mes remarques au maître, il était bien incapable de m'expliquer quoi que ce soit. Mes questions le mettaient mal à l'aise. À la fin de l'année, tous les élèves ont passé un examen pour accéder au niveau supérieur. J'ai obtenu la note de 100 sur 100. Un inspecteur est venu à l'école et je lui ai été présentée. J'étais tellement fière ! L'inspecteur m'a demandé ce que je voulais faire plus tard.

— Je voudrais faire des études.

— Continue comme ça et tu y arriveras.

C'était plus facile à dire qu'à faire. Pendant les vacances, nous avons déménagé. Mon père avait acheté plusieurs hectares à cinquante kilomètres de Kairi. Désormais, nous allions vivre à Hanuman Dhara, sur les hauteurs de Chitrakoot. Hanuman Dhara est un minuscule hameau, à peine une poignée de maisons, juché au sommet d'une colline escarpée, accessible par une volée de quelque trois cent soixante marches. Là-bas, c'est la jungle : d'un côté, des champs à perte de vue, de l'autre, la forêt. Ni électricité ni eau courante. Alors, une école… La plus proche était trop éloignée pour que mes parents songent à m'y envoyer. J'ai donc arrêté ma scolarité, avec un véritable déchirement.

Ma vie de bergère a repris son cours, avec mes parents, mon oncle, ma tante et mes grands-parents. Nous vivions très simplement, dans une grande maison en pierre et en torchis, avec plusieurs pièces sans fenêtres, desservies par une cour centrale à ciel ouvert, où l'on faisait la cuisine, mangeait, recevait, dormait quand il faisait trop chaud. Nous allions chercher l'eau au puits et nous nous éclairions à la lampe à pétrole. Pourtant, nous n'étions pas des miséreux. Je n'ai jamais manqué de rien et j'ai toujours mangé à ma faim. Grâce aux cultures et au bétail de mon père, il y avait du lait, du riz et des lentilles en abondance. Ma mère se faisait un devoir de recevoir et de nourrir les pèlerins et les mendiants qui passaient. Ils étaient nombreux : Chitrakoot est une ville sainte où, selon les croyances hindoues, le dieu Ram a passé douze années en exil. Hanuman Dhara aussi est un lieu saint, dédié à Hanuman, le dieu singe.

Malgré notre vie très rude, j'étais une petite fille relativement insouciante. Même en grandissant, on ne m'a jamais demandé de mettre la main à la pâte, ni de m'occuper de mes frères et sœurs. Urmilla, ma sœur, est née cinq ans après moi, Ram Lal, mon frère, cinq ans après elle, et Shiv Naresh, le petit dernier, cinq ans plus tard lui aussi. Mon père n'était pas éduqué, mais il savait qu'enchaîner les grossesses pouvait être préjudiciable pour une femme. Ma mère ne prenait pas de pilule contraceptive. Après chaque accouchement, mon père préférait ne plus l'approcher pendant plusieurs années. Quand je ne jouais pas avec Urmilla, je partais en vadrouille. Dès que je le pouvais, j'accompagnais mon grand-père et mon oncle au village. J'adorais papoter avec tout le monde. Je traînais souvent avec des garçons. Nous lancions des cailloux ou grimpions dans les arbres pour cueillir des mangues.

La première fois qu'Amma m'a vue me hisser sur les branches comme un ouistiti, elle est devenue hystérique. Nous étions toutes les deux parties cueillir des mangues, justement. Aller chercher le fruit à la source m'avait semblé tout naturel.

— Veux-tu bien descendre de là immédiatement ! C'est dangereux et ce n'est pas convenable pour une fille.

J'ai sauté à terre. J'avais eu le temps de remplir mes poches à craquer, ce qui a eu le don d'exaspérer Amma davantage. Elle s'est empressée d'aller se plaindre à mon oncle :

— J'en ai assez de cette petite qui n'en fait qu'à sa tête. C'est un véritable garçon manqué, elle est totalement hors de contrôle !

Kakka s'est contenté de hausser les épaules. Moi, en revanche, j'exigeais des explications.

— Ammaji, ce n'est pas juste ! Un garçon a deux

jambes et deux bras, comme moi ! Quelle est la différence ?

— Cela n'a rien à voir, Sampat. Les garçons sont robustes, ils peuvent se permettre de telles acrobaties.

— Mais moi aussi, je suis d'une constitution solide. Je bois beaucoup de lait chaque jour. Ça me rend aussi forte que n'importe qui.

Ma grand-mère, qui assistait à la scène, s'est mise à rire en se moquant d'Amma :

— Allons, Gudia. Arrête d'embêter ta fille, tu vois bien que tu n'es pas de taille !

Ma mère s'est mise à ronchonner. Amma, si discrète, si délicate, aurait tant voulu que je me conduise comme une petite fille convenable, que je ne retrousse pas ma jupe entre mes jambes dès qu'elle avait le dos tourné, que je m'exprime de façon posée. D'une nature bavarde et espiègle, je passais mon temps à faire des plaisanteries qui passaient parfois pour de l'impertinence. Je disais tout haut ce que je pensais et n'avais peur de personne. Beaucoup de mes camarades me craignaient. Il est vrai que je m'emportais facilement. Bagarreuse, j'étais toujours pressée d'en découdre. Si quelqu'un me tapait, je le tapais deux fois plus fort.

Il y avait, dans le voisinage, une communauté de bergers plus puissante que celle des Gadarias. Ils possédaient beaucoup de terres. Or, dans les campagnes, tout le monde faisait ses besoins dans les champs. Pour les enfants des deux camps, c'est devenu un enjeu majeur. Ceux d'en face nous ont interdit de venir nous soulager sur leurs terres, histoire de jouer les petits chefs. Généralement, nous évitions de les provoquer. Il y avait un champ en terrain neutre, qui n'appartenait à personne. Un jour, la bande d'en face a décrété que nous n'avions plus le droit non plus d'aller faire nos besoins dans ce champ : une véritable déclaration de guerre ! Un après-midi, alors que tout le village dormait, j'ai rassemblé plusieurs filles de ma bande. Nous avons rejoint le lopin de terre communal. Ceux d'en face n'étaient jamais loin. Nous sachant épiées, nous nous sommes accroupies pour nous soulager, comme si de rien n'était. La bande rivale a rappliqué aussitôt et les filles ont commencé à se moquer de nous. Nous les avons laissées s'approcher, sans rien dire. Brusquement, nous nous sommes levées en hurlant et avons sauté sur l'ennemi. Nous les avons barbouillées de nos excréments des pieds à la tête. Elles suffoquaient de rage, totalement dégoûtées ! Deux de mes camarades étaient restées pétrifiées, incapables de bouger. Mais je m'agitais pour trois ! En face, nos adversaires ont commencé à nous repousser. Les coups partaient dans tous les sens. Des mèches de cheveux volaient dans les airs. Les plus petites, effrayées, ont battu en retraite.

Attirés par le bruit, des garçons nous avaient rejointes. Ils n'avaient qu'une envie, c'était de se plonger dans la mêlée.

— N'approchez pas. C'est une histoire de filles. On va régler ça entre nous.

Au bout de dix minutes, il ne restait plus que deux filles sur le champ de bataille : une du camp d'en face et moi. Nous nous sommes jaugées du regard, l'œil mauvais. Il était hors de question que je la laisse avoir le dessus. Même en jouant, je détestais perdre. Nous avons jeté toutes nos forces dans la bagarre. Je me démenais comme une tigresse. La rage me donnait des forces. L'autre a commencé à se fatiguer. Elle a reculé de trois pas. J'avais gagné.

Le voisinage a été alerté que les enfants étaient en

train de s'étriper près du village. Tirés de leur sieste, les parents ont accouru. Avec les siens, mon adversaire malheureuse en a pris pour son grade.

— Mais qu'est-ce qui t'a pris de t'attaquer à une petite Gadaria ? Tu sais qu'ils ont l'habitude de se battre ! C'est stupide de l'avoir défiée.

Mon oncle était là aussi. Il avait l'habitude de mes bagarres. Régulièrement, des villageois venaient le voir pour se plaindre des corrections que j'infligeais à leurs enfants. Devant eux, Kakka me faisait la morale, mais dès qu'ils étaient partis, il tenait un autre discours.

— Tu as fait ce qu'il fallait, il l'avait mérité. Tu ne dois laisser personne te faire du mal. Si quelqu'un t'attaque, rends-lui la pareille.

Cette fois, il a pris mon parti en présence des parents.

— Je n'ai rien à dire. C'était un combat loyal.

Cher Kakka... Il a tellement compté dans ma vie. Sans lui, je n'aurais jamais appris à lire l'hindi et à compter. Après que j'ai arrêté l'école, il n'a jamais cessé de me donner des cours. Mon père, lui, n'a jamais compris ma soif de connaissances. Il ne voyait tout simplement pas l'intérêt pour une fille d'être éduquée. Mais mon oncle m'a toujours encouragée. Je voyais bien qu'il voulait que j'aille plus loin que les autres. Toute ma vie, il est resté une référence morale pour moi. Il m'a transmis des valeurs auxquelles je crois très profondément aujourd'hui. « Il ne faut pas voler, il ne faut pas mentir », répétait-il souvent. À force, j'ai totalement assimilé ses préceptes de vie. Sans lui, la petite redresseuse de torts que j'étais ne serait sans doute pas devenue la justicière que je suis aujourd'hui.

2

Noces de sang

C'était le printemps, au beau milieu du mois de mars. Trois hommes que je n'avais jamais vus auparavant ont frappé à notre porte. Mon grand-père les a reçus dans la cour et Amma m'a aussitôt demandé de leur apporter de l'eau. Après que j'ai posé les verres, mon grand-père m'a fait asseoir sur ses genoux.

— Ma petite Sampat, ces messieurs ont quelques questions à te poser. Sois gentille, réponds-leur.

C'est le plus âgé des trois qui a pris la parole.

— Comment t'appelles-tu ?

— Sampat.

— Quel âge as-tu ?

— Douze ans.

— Combien as-tu de frères et sœurs ?

— Une sœur et un frère.

— À quoi aimes-tu jouer avec tes petits camarades ?

— J'adore grimper dans les arbres !

Ces gens étaient vraiment charmants. Sans aucune timidité, je répondais volontiers, ravie d'être le centre d'attention de tous. Je pressentais qu'il se passait quelque chose d'inhabituel et je voulais absolument faire bonne figure.

— Dis-nous, Sampat, sais-tu faire un *chapati* ?

— Bien sûr que je sais ! Ma grand-mère m'a appris à cuisiner.

— Tu veux bien nous montrer ?

Le réchaud se trouvait dans un coin de la cour. Sous l'œil attentif de ma grand-mère et du reste de l'assistance, j'ai pétri une galette de farine et l'ai fait rôtir sur le feu. Ouf… Elle n'était pas brûlée. Je l'ai retirée de la poêle et l'ai présentée fièrement au vieux monsieur. Il l'a goûtée, puis s'est fendu d'un sourire satisfait. Mon père aussi avait l'air content.

— C'est bon, Sampat, tu peux retourner jouer.

Au bout d'une heure, mon grand-père m'a demandé de revenir. Avant de prendre congé, les trois hommes tenaient à m'offrir des cadeaux : un billet de 50 roupies, un collier en laiton, une paire de babouches et deux saris, un rouge et un vert, orné de grandes fleurs roses. J'ai bien vu que c'était du Nylon un peu grossier, mais je les ai trouvés très beaux. Même moi qui ne connaissais rien de la vie, je savais que ces présents avaient une signification : on venait de me demander officiellement en mariage. J'avais douze ans. Beaucoup de filles plus jeunes que moi étaient déjà mariées dans mon entourage. Je n'avais aucune idée de ce que cela impliquait, mais cette perspective m'enchantait. De mon futur époux, pourtant, je ne savais pas grand-chose. Il s'appelait Munni Lal Pal et c'était un Gadaria, comme moi. Âgé d'une dizaine d'années de plus que moi, il s'était marié neuf ans auparavant à l'une de mes cousines éloignées, qui était morte quelques mois plus tard, emportée par une grosse fièvre. Tout cela n'avait pas beaucoup d'importance. J'étais surtout impatiente de découvrir à quoi il ressemblait.

Le jour des noces a été fixé à deux mois plus tard. Le mariage avait lieu dans ma famille. Suivant la coutume, mon père prenait la réception à sa charge. Le 3 mai, tout était prêt pour recevoir les deux cents invités de la noce. Ma grand-mère, ma mère et ma tante cuisinaient depuis plusieurs jours déjà et l'odeur des *chapatis* chauds et des currys de légumes embaumait la maison. Grisée par l'atmosphère festive, j'étais de très bonne humeur et chantais à tue-tête en jouant dehors. Dans l'après-midi, Amma m'a aidée à m'enrouler dans un sari jaune, une couleur traditionnelle de mariage. Dai, elle, m'a peint le contour des pieds avec de la teinture rose. Le soleil commençait à décliner. Impatiente, je me suis postée devant la maison pour guetter l'arrivée de la procession de mon fiancé. En apercevant son attelage, j'ai couru à sa rencontre, comme une gamine. Il paradait en tête sur une chaise à porteurs. Suivaient les invités de la noce, venus à pied ou sur des chars à bœufs.

J'ai attendu que le cortège s'arrête pour lever les yeux sur lui. Il portait une *kurta* jaune, un pyjama blanc, et avait noué un châle jaune torsadé autour de son torse. Une couronne de feuilles sèches lui ceignait le front. C'était la première fois que je rencontrais un homme aussi élégant. Il était grand, très mince, et j'ai pris son air si sérieux pour le signe d'une grande noblesse d'âme. Je l'ai trouvé très beau. Je l'ai dévisagé sans aucune pudeur. Les bonnes manières auraient voulu que je garde les yeux baissés, mais c'était plus fort que moi. Ma grand-mère avait insisté pour que je me couvre la tête avec l'extrémité de mon sari. Mais le voile me gênait et j'ai rejeté l'étoffe sur mes épaules, m'exposant ainsi au regard de mon futur époux. À son expression, j'ai deviné qu'il me trouvait à son goût, et cette impression m'a remplie d'une joie irrationnelle.

Les présentations étaient faites. Maintenant que j'avais satisfait ma curiosité, je n'avais qu'une envie, c'était de rejoindre tous les enfants qui venaient d'arriver. Mon beau-père avait commencé à distribuer des bonbons. Tous le prenaient d'assaut dans une joyeuse excitation. Oubliant aussitôt ce fiancé qui m'avait remplie d'excitation quelques minutes auparavant, je me suis jetée dans la cohue en tendant la main. Mon oncle m'a rapidement rappelée à l'ordre :

— Va t'asseoir à l'intérieur, Sampat, et tâche de rester tranquille.

J'ai obéi de mauvaise grâce, en allant m'installer avec les autres femmes dans la cour, où des tapis avaient été étalés sur le sol en terre battue. Des bâtonnets d'encens brûlaient dans chaque recoin et leurs effluves me tournaient un peu la tête. Tous les membres de la procession qui arrivaient se voyaient offrir des fleurs de jasmin et des noix de bétel. Ce fruit à coque a un bon goût sucré et des vertus excitantes. On le mâche pendant des heures en recrachant le jus au fur et à mesure. Moi aussi, je voulais y goûter. J'ai apostrophé un garçon de mon âge pour qu'il m'en donne un peu. Cette canaille a refusé ! Je l'ai détesté… Après tout, c'était mon mariage ! De quel droit m'empêchait-on de m'amuser ? Finalement, j'ai réussi à m'en procurer et j'ai croqué fièrement mon bout de noix comme une grande. J'en mettais partout. Je devais avoir l'air d'un vrai petit clown, mais je m'en moquais. Je m'amusais comme une folle, tout cela était tellement drôle !

La noce a duré trois jours. Le deuxième soir, Munni

Lal et moi avons été officiellement mariés, sous une tente montée pour l'occasion. Munni Lal était assis sur un tabouret à mes côtés. Nos parents, nos grands-parents, nos oncles et tantes nous entouraient. Mon père, par un geste de la main symbolique, m'a offerte à son futur beau-fils. Les membres des deux familles se sont touché les pieds en guise de respect. Les hommes ont fumé un *bidi*[1], les femmes ont croqué un bonbon. J'étais désormais l'épouse de Munni Lal. C'était un peu irréel. Tout ce qui m'importait, c'était de retourner plaisanter avec les enfants de mon âge.

Le lendemain, tout le monde est parti après le déjeuner. Ma belle-famille a emporté avec elle les présents de mon père : un buffle, un grand lit en bois, des bijoux en or et en argent, de la vaisselle et des ustensiles de cuisine. J'ai regardé le convoi s'ébranler avec une grande frustration. J'aurais tant voulu les accompagner. Il me tardait de découvrir mon nouveau foyer. Mais j'étais encore trop jeune. Mon grand-père avait décidé que je rejoindrais le domicile de mon époux à quinze ans. Cet horizon me paraissait bien lointain.

La vie a repris son cours. J'avais chassé mon mari de mon esprit. J'étais redevenue une adolescente comme les autres. Deux ou trois mois plus tard, j'ai accompagné ma grand-mère à Chitrakoot, pour Kamta Dham. Cette grande fête a lieu une fois par mois lors des nuits sans lune. Des milliers de pèlerins affluent alors pour se purifier dans l'eau du fleuve. Dai était la seule de la famille à observer les rituels religieux. Elle faisait chaque jour la *puja*, la prière aux dieux hindous, et marquait son front d'un point de santal quand elle avait fini.

1. Cigarette roulée à la main à base de tabac enroulé dans une feuille de tendu.

Quand elle lavait sa statuette de Hanuman, mon grand-père se moquait de sa superstition. Dai n'en avait cure. Elle n'aurait manqué Kamta Dham pour rien au monde. Ce jour-là, une amie était venue avec moi. Je portais le sari rouge que m'avait offert mon beau-père. C'est de cette façon que mon mari m'a reconnue. Il était venu avec un cousin, lequel se trouvait être le beau-frère de mon amie. Quand elle a aperçu son cousin dans la foule, elle est allée le saluer. Quand elle est revenue, elle tenait dans la main deux billets de 100 roupies.

— Tiens, c'est pour toi, de la part de ton mari.

— Mon mari ? Où est-il ?

— C'est l'homme qui est avec mon beau-frère. Il t'a reconnue à ton sari rouge et a voulu te faire un petit cadeau.

Tombant des nues, j'ai regardé dans sa direction. Il était distant d'une quinzaine de mètres. De loin, son visage ne me disait rien du tout. En vain, j'essayais de convoquer les souvenirs de la noce : les traits de mon fiancé, que j'avais dévisagé attentivement, mais brièvement, se fondaient dans une masse de souvenirs colorés et bruyants. Cet homme qui me regardait dans la foule, en tout cas, était pour moi un inconnu. J'ai choisi de l'ignorer, refusant de prendre l'argent. Croyait-il donc m'acheter avec ses cadeaux ? Toute la journée, Munni Lal m'a suivie, me faisant passer, par l'intermédiaire de mon amie, d'autres menus présents. Je n'ai pas plus accepté les bracelets de pacotille et le rouge à lèvres. Mais quand j'ai vu le pendentif en or, j'ai rougi jusqu'aux oreilles. Cette fois, je n'avais plus aucun doute : il s'agissait d'un bijou que mon père avait offert à son père pour notre mariage. J'ai eu comme des papillons dans le ventre. Un peu émue, j'ai enfilé le bijou à la chaîne que je portais à mon cou. En rentrant chez moi, je n'ai rien dit. Le lendemain, mon beau-père s'est présenté à la première heure, en demandant à parler à mon père.

— Mon fils ne porte plus son pendentif. Il prétend l'avoir offert à votre fille. C'est vrai ?

Piteuse, je suis venue confirmer ses dires. Bappa était furieux contre Munni Lal. Ses largesses traduisaient une impatience qu'il jugeait indécente. Il voulait rendre le bijou immédiatement. Heureusement, mon beau-père est intervenu.

— Qu'elle le garde. Je voulais seulement m'assurer qu'il n'avait pas été perdu.

Secrètement, j'étais ravie. Mon précieux cadeau n'a plus quitté mon cou. Près d'un an plus tard, nos chemins se sont croisés de nouveau. Je passais quelques jours chez ma tante maternelle, dans un village loin de chez nous. Les maisons étaient isolées, perdues dans la forêt. Un matin, alors que je partais me baigner à la rivière avec ma cousine, elle a remarqué qu'un homme nous observait depuis la rive.

— C'est drôle, il ressemble à ton mari.

Je me suis retournée pour le regarder. Sa physionomie me disait vaguement quelque chose, mais je n'avais aucune certitude : impossible de savoir si c'était bien l'homme qui m'avait suivie pendant le festival de Kamta Dham. Au fond de moi, pourtant, je pressentais qu'il s'agissait bien de mon mari. Mais cette perspective me donnait tant le vertige que je refusais de l'envisager. Comme à Chitrakoot, j'ai préféré l'ignorer. Le lendemain, sur le chemin de la rivière, nous avons remarqué qu'on nous suivait : c'était encore lui, ne nous lâchant pas d'une semelle. Le troisième jour, il est revenu avec deux amis. Alors que nous remontions sur la berge, ils nous ont barré le passage. J'ai eu très peur.

Je n'osais même pas les regarder. Bouleversée, je les ai insultés avant de m'enfuir en pleurant. J'ai couru d'une traite jusqu'à la maison de ma tante, à qui j'ai tout raconté en reniflant. Après avoir mené sa petite enquête, ma tante a appris que mon mari rendait lui aussi visite à sa propre tante. Notre rencontre était le fruit du hasard. Toutefois, il devenait évident que mon mari se languissait d'avoir sa femme à ses côtés. Quelques semaines plus tard, mon beau-père nous a rendu visite. Après s'être entretenu brièvement avec lui, Bappa m'a appelée.

— Sampat, tu es en âge d'être consultée. Ton mari te réclame. Te sens-tu prête à vivre avec lui ?

Presque deux années s'étaient écoulées depuis mon mariage. Je n'avais aucune idée de ce qui m'attendait, mais je m'étais préparée à ce départ. La perspective de changer de vie ne m'effrayait pas le moins du monde. Au contraire, l'inconnu me remplissait d'excitation, j'avais hâte de découvrir de nouveaux horizons. Sans plus réfléchir, j'ai répondu que j'étais d'accord.

Une semaine plus tard, les hommes de ma belle-famille sont venus me chercher. Je les avais croisés lors de mon mariage, mais aucun visage ne m'était familier. J'ai embrassé ma sœur et mon frère, j'ai touché les pieds de mes parents, de mes grands-parents, de mon oncle et de ma tante, puis j'ai grimpé dans l'un des trois chars à bœufs postés devant chez moi. Tout le long du voyage, j'ai gardé mon sari sur la tête. Pas une seule fois je n'ai levé les yeux sur mes compagnons. Au bout de plusieurs heures de route cahoteuse, le convoi s'est arrêté dans un village afin que nous puissions nous rafraîchir et manger un morceau. Je suis restée sur ma carriole. Alors que tout le monde se dégourdissait les jambes, un homme est venu m'apporter un verre d'eau.

Je l'ai vidé d'un trait avant de le lui rendre, sans même le regarder. Je n'avais pas peur, mais c'était un inconnu, comme les autres. C'est quand il a regagné sa carriole que j'ai envisagé la possibilité que cet homme soit mon mari…

Quand nous sommes arrivés à destination, il faisait nuit. J'ai distingué la forme sombre de ce qui m'a semblé être une grappe d'habitations. Ce devait être Rauli, le village où j'allais vivre désormais. Notre convoi a bifurqué à gauche juste avant le village. Au milieu d'une étendue plane, sans doute un champ, les contours d'une grande maison se dessinaient, un peu inquiétants. Sur le pas de la porte, ma belle-mère nous attendait avec des lampes à pétrole. Malgré la fatigue, j'ai fait honneur au repas de fête que l'on nous a servi. Tout le monde était très accueillant. Enfin, on m'a conduite dans une chambre, où je me suis écroulée sur un lit de corde. Les cinq jours suivants ont été consacrés à la prière, la *puja*. Comme le veut la coutume, mon mari et moi n'avons pas échangé un regard. Mes beaux-parents ainsi que les cinq frères de mon mari vivaient sous le même toit. Tous étaient très gentils avec moi. De mon côté, je faisais ce que l'on me demandait, soucieuse de me faire bien voir. Pendant ces cinq jours, je n'ai pas vraiment vu à quoi ressemblait l'extérieur. J'avais juste le sentiment que tout était plus grand : les pièces, la cour et même le village. Je venais d'un hameau de quelques familles, tandis qu'ici il y avait au moins mille habitants ! Même les buffles que j'apercevais dans les champs qui s'étendaient tout autour me semblaient plus nombreux…

Depuis mon arrivée, je dormais avec ma belle-mère, dans l'une des nombreuses pièces de la maison. Le sixième soir, elle s'est relevée, quittant la pièce sans un mot. Je n'y ai pas prêté attention et je me suis endormie. Au milieu de la nuit, un bruit m'a réveillée. Quand j'ai ouvert les yeux, mon mari était dans la chambre. Il me regardait fixement. Je me suis redressée d'un coup, envahie par la panique.

— Que fais-tu dans ma chambre ?

— Tu vois, je suis venu te voir.

— Comment ça, me voir ?

— Eh bien, oui, te voir.

À l'entendre, sa présence était une évidence. Il me souriait étrangement. J'étais très mal à l'aise, n'ayant pas la moindre idée de ce qu'il me voulait. Les hommes ne dorment pas avec les femmes. Personne ne m'avait prévenue que mon mari pénétrerait dans ma chambre pendant la nuit.

— Calme-toi, tout va bien. Nous sommes mari et femme maintenant. Tu n'as pas à avoir peur.

Il essayait de me rassurer, mais plus il me souriait, plus j'étais gagnée par une drôle d'appréhension. Une grosse boule s'est formée dans ma gorge. Quand j'ai réussi à proférer un son à nouveau, ma voix tremblait.

— Il est hors de question que je t'adresse la parole. Chez moi, les hommes ne parlent pas avec les femmes, même en privé. Si tu ne pars pas sur-le-champ, je vais le répéter à mon père et à ma grand-mère !

Mon mari a commencé à rire.

— Sampatji, il est inutile de prévenir ton père ou ta grand-mère. Maintenant, tu vis ici avec moi. Il y a certaines choses que doit faire un couple.

J'ignorais totalement de quoi il voulait parler. Tout cela était si confus. Ahurie, je me suis mise à pleurer. Entre deux hoquets, je lui ai lancé toutes les insultes que je connaissais. Tout en tentant de m'amadouer par de pauvres sourires, Munni Lal essayait de m'agripper les bras pour m'attirer vers le lit. Chaque fois que j'échappais à son étreinte, il m'y ramenait. Je ne comprenais pas bien son manège, mais mon instinct me disait de fuir. Je me sentais prise au piège… Soudain, j'ai eu une idée.

— J'ai besoin d'aller au petit coin.

Il n'y avait pas de toilettes dans la maison. Pour se soulager, il fallait sortir et aller s'accroupir dans le champ. J'ai retiré tous les bracelets que j'avais aux poignets, ainsi que les *bangles*[1] pleins de grelots de mes chevilles. Je ne voulais pas risquer de réveiller tout le monde. J'ai tout posé sur le lit et j'ai annoncé, sur le ton le plus ferme possible :

— J'y vais. Je n'en ai pas pour longtemps.

Des invités dormaient un peu partout. De nombreux parents logeaient à la maison pour fêter mon arrivée et toutes les pièces avaient été réquisitionnées. J'ai repéré dans l'une d'elles une petite place sur le lit d'une cousine qui avait à peu près mon âge. À sa respiration, j'ai pensé qu'elle faisait semblant de dormir et n'avait sans doute pas perdu une miette de ma dispute conjugale. Peu m'importait. Je me suis allongée à ses côtés, puis j'ai tressé mes longs cheveux noirs avec les siens, de sorte que nos deux chevelures n'ont fait qu'une seule et même natte : il était hors de question qu'elle m'abandonne, elle aussi, une fois que je serais endormie. Peu après, j'ai entendu mon mari qui m'appelait en chuchotant. Ne me voyant pas revenir, il était parti à ma recherche. Il n'avait pas mis bien longtemps à me trouver. Il s'est penché sur moi et m'a suppliée à voix basse de revenir dans la chambre. J'ai gardé les paupières bien fermées, sans bouger. Mon époux a insisté, sans susci-

1. Bracelets de cheville.

ter plus de réaction de ma part. De guerre lasse, il a fini par repartir.

Au petit matin, la cousine s'est rendu compte du subterfuge. Hilare, elle s'est empressée d'appeler la maîtresse de maison, bien embêtée de me trouver là. Ma belle-mère a réuni les hommes de la famille pour convenir de ce qu'il fallait faire. Ils ont estimé que le mieux était encore de nous permettre, à Munni Lal et à moi, de nous expliquer en tête à tête. À la fin de la journée, tout le monde est sorti de la maison. Je suis restée avec Munni Lal qui, mal à l'aise, s'est enfin décidé à amorcer la discussion.

— De quoi as-tu peur ? Je ne te veux aucun mal. Je suis ton époux, nous allons avoir une vie heureuse. Cela suppose certaines relations, tu comprends ?

— Non, je ne comprends rien du tout. Dans mon village, on ne vit pas de cette façon.

— Mais enfin, si tes parents n'ont jamais dormi ensemble, comment crois-tu que tu es née ?!

— Tu te moques de moi. Je ne veux plus t'écouter.

J'étais complètement butée. Notre entretien se soldait par une impasse. Le lendemain, mon oncle est arrivé. C'est l'usage : on envoie la jeune mariée dans sa belle-famille, on vient la rechercher un peu plus tard et puis on la renvoie à nouveau chez son mari au bout d'une semaine, définitivement cette fois. Les larmes aux yeux, j'ai raconté à Kakka qu'on m'avait agressée.

— Comment ça, agressée ? Quelqu'un t'a fait du mal ?

— C'est mon mari…

Incrédule, mon oncle a interrogé ma belle-mère. Celle-ci lui a résumé l'histoire à demi-mot.

— Elle est trop jeune, elle ignore tout du mariage.

Quelqu'un doit lui enseigner certaines choses de la vie avant qu'elle puisse vivre avec son mari.

C'est ainsi que je suis revenue à Hanuman Dhara. Amma était d'accord sur le fait qu'une mise au point s'imposait. Plusieurs jeunes femmes du voisinage, toutes récemment mariées, sont venues passer un après-midi à la maison pour me parler de leur expérience. Pour la première fois, j'ai entendu parler de sexe. J'ignorais qu'une telle chose pouvait exister. Je ne savais rien non plus du désir. Elles m'ont expliqué que les attentes de mon mari étaient naturelles, qu'il fallait en passer par là, que c'était le seul moyen pour avoir des enfants. Petite, je n'avais jamais soupçonné que mes parents pouvaient avoir ce genre de rapports. Personne alors ne parlait de ces choses-là. Moi qui croyais que mon mari était anormal, j'ai compris que je m'étais conduite de façon ridicule.

Mon beau-père est venu me chercher pour la seconde fois. Dès mon arrivée à Rauli, j'ai constaté que mon mari boudait. Vexé par mon rejet, humilié par mon attitude, il ne m'a pas adressé la parole pendant un mois, allant jusqu'à refuser les plats que j'avais cuisinés. Ma belle-mère a commencé à se lamenter auprès de qui voulait l'entendre.

— Ma belle-fille ne sait rien de la vie, mon fils ne connaît rien aux femmes. Ils ne sont décidément pas près de faire des enfants, ces deux-là !

Estimant que cela ne pouvait plus durer, ma belle-mère a décidé de parler à mon mari entre quatre yeux.

— Munni Lal, tu dois débloquer la situation. Sampat n'est encore qu'une enfant. C'est à toi de la mettre en confiance au moment crucial. Parle-lui, prends le temps de lui expliquer les choses. Tu dois être patient.

C'était l'été. Dans les rizières, les jeunes semis

venaient d'être replantés. Il fallait les surveiller nuit et jour pour éloigner les buffles trop gourmands. Un soir, alors que les hommes partaient pour les champs, Munni Lal, lui, est resté à la maison. Je ne me suis pas couchée sur le premier lit venu comme j'en avais l'habitude. Ce soir-là, j'ai eu droit à une chambre pour moi toute seule. La mousson venait tout juste de commencer, il faisait très chaud et très lourd. Engourdie par la moiteur sur mon grand lit de corde, je fixais le drap qui faisait office de porte, seule issue de cette pièce sans fenêtres. Le tissu s'est soulevé et mon mari est entré. Je distinguais mal son visage, dont les traits étaient déformés par la faible lueur d'une lampe à pétrole. Longtemps, il est resté sur le seuil de cette chambre minuscule et basse de plafond. Immobile sur le lit, je l'ai entendu me chuchoter des mots rassurants.

— Ce n'est que moi, Sampat, tout va bien.

— …

— Ça va ? Tu ne dois pas avoir peur, tu sais.

— …

— Au fait, tu as déjà eu tes règles, n'est-ce pas ?

— Mes règles ? De quoi parles-tu ?

— Tu sais, quand le sang coule chaque mois.

— C'est quoi cette blague ? Tu te moques de moi ?

Mon mari m'a regardée bizarrement, l'air un peu sceptique. Pourtant, il ne s'est pas appesanti sur la question. En deux pas, il s'est retrouvé près du lit. Mon esprit était vide, comme anesthésié. Je ne bougeais toujours pas, les bras croisés sur mon corps crispé. Encouragé par mon calme apparent, il s'est allongé à mes côtés. Quand son corps est entré en contact avec le mien, je me suis concentrée sur un point du plafond. Quand il a remonté mon jupon, je n'ai pas opposé de résistance. Ce moment, je m'y étais préparée.

Il s'est couché sur moi. Il était lourd, je pouvais à peine respirer. Quand il est entré, la douleur a été fulgurante, elle m'a fait l'effet d'une punition. J'ai ouvert la bouche, mais pas un son n'en est sorti. Au bout de quelques minutes, il s'est retiré et s'est laissé retomber à côté de moi. Je n'osais pas bouger, tétanisée par la douleur qui irradiait jusqu'au bout de mes orteils. J'ai senti un liquide chaud me couler entre les jambes. J'ai touché l'intérieur de mes cuisses du bout des doigts. C'était poisseux. En ramenant ma main, j'ai vu qu'elle était rouge. Je saignais ! Pourquoi ? Qu'est-ce qui m'arrivait ? J'ai lancé à Munni un regard angoissé. L'œil vitreux, il n'a pas cillé. La vue du sang sur le lit ne semblait pas l'alarmer.

— Ne t'inquiète pas. Dors maintenant.

Il n'a pas tardé à s'endormir. Terrorisée, j'ai gardé les yeux ouverts, immobile. J'ai continué de saigner, abondamment, jusqu'au petit matin. J'avais très mal, mais je ne savais pas quoi faire. En se réveillant, mon mari a commencé à paniquer à la vue de tout ce sang. En un bond, il a sauté hors du lit et a ramené ma belle-mère à mon chevet. J'ai vu qu'elle prenait les choses au sérieux. Sans faire aucun commentaire, elle a envoyé mon beau-père chercher une infirmière à l'hôpital. On m'a examinée, soignée, bandée et fait avaler un médicament contre la douleur. J'avais des déchirures importantes au niveau du vagin. Je n'étais même pas pubère, mon corps n'était pas prêt, m'a-t-on dit.

Pour la troisième fois, on m'a renvoyée chez mes parents, où je suis restée en convalescence pendant de longs mois. L'hiver est arrivé, je me croyais guérie. Un jour, alors que je me promenais avec une amie dans la forêt, j'ai senti un liquide chaud entre mes jambes. En soulevant ma jupe, j'ai vu que le sang coulait à nouveau. Terrifiée, j'ai cru que tout recommençait. Mon amie, elle, avait compris ce qui se passait.

— Tu as mal ?

— Non, je ne sens rien.

— Ne te fais pas de souci, ce doit être tes règles.

Mes règles ? C'était donc cela ? J'avais entendu prononcer ce mot pour la première fois par la bouche de mon mari, lors de cette affreuse nuit de noces. Mais personne ne m'avait expliqué en quoi ça consistait. Curieusement, cela m'a rassurée. Je craignais tant que la blessure ne se soit rouverte…

J'étais enfin pubère. Il était temps pour moi de regagner le foyer conjugal. À Rauli, j'ai retrouvé un mari mal à l'aise, effrayé par ce qu'il avait fait. Je ne lui ai pas tenu rigueur de l'incident. Jamais, pourtant, je n'ai oublié la souffrance de cette première nuit. Si je ne l'avais pas connue, je n'aurais pas eu autant d'empathie pour toutes ces femmes que je défends aujourd'hui.

3

Une belle-fille encombrante

Le souvenir de cette première nuit a fini par s'estomper. Les suivantes ont été nettement moins pénibles. J'avais pris mon parti de mes devoirs d'épouse. Avec Munni Lal, nous avons fini par vivre en bonne entente. Nous parlions peu, mais nous nous respections. Dans ma nouvelle maison, tout m'enthousiasmait. Jusque-là, j'avais toujours échappé aux corvées domestiques. Mais j'étais terriblement fière de mon nouveau foyer et ne rechignais plus à la tâche. Préparer les repas, laver la vaisselle, coudre les vêtements pour mes beaux-parents, mon mari et ses cinq frères : je m'exécutais dans la bonne humeur. Tout cela, je le faisais pour moi maintenant ! Il ne m'a fallu que quelques semaines pour rencontrer des jeunes filles du voisinage. Le clan des Gadarias comptait environ vingt-cinq familles, qui se connaissaient toutes. Je n'avais pas beaucoup de temps pour discuter, mais les quelques minutes que je trouvais chaque jour pour échanger deux ou trois mots suffisaient à mon bonheur. Et puis, bientôt, je ne serais plus seule : j'étais enceinte.

Après leur arrivée dans la forêt avec mon amie, mes

règles n'étaient jamais revenues. Exactement neuf mois après mon installation à Rauli, j'ai accouché de mon premier enfant. Mon corps encore immature n'était pas plus prêt pour la grossesse que pour le sexe. Les premières contractions m'ont surprise par leur violence. Je croyais que la délivrance serait rapide. À tort. Au bout de trois jours de travail infructueux, j'ai été conduite à l'hôpital, où le bébé a été sorti au forceps. Quand j'ai vu sa petite frimousse, j'ai immédiatement oublié les journées épouvantables que je venais de vivre. C'était une fille. Ma belle-mère aurait préféré un fils, pas moi. J'étais même surexcitée ! L'idée de jouer à la poupée avec ma Prabhawati, de lui coudre de jolis habits et de lui mettre des nœuds colorés dans les cheveux me rendait euphorique. Je m'occupais également d'un autre bébé : deux mois après la naissance de ma fille, ma belle-mère avait accouché, après six fils, d'une petite fille nommée Asha. J'ai allaité les deux pendant deux ans.

Notre maison était près du puits. J'avais donc souvent l'occasion de papoter avec les voisines. Dès que j'avais fini de travailler, je m'asseyais dans la poussière avec les femmes du village et je discutais pendant des heures. Ma belle-mère ne voyait pas ces bavardages d'un très bon œil. Les remarques perfides qu'elle se permettait parfois me mettaient hors de moi. Je trouvais insupportable que l'on veuille m'imposer une vie où la parole n'avait pas de place. Mais je ne boudais pas longtemps. J'aimais ma nouvelle existence. D'ailleurs, tout le monde m'appréciait. Cela n'a pas duré.

Il y avait au village un gourou dont les sermons étaient très écoutés. Il appartenait à la caste des brahmanes, la plus respectée des castes hindoues. Quand il frappait à la porte d'une maison, il était reçu avec déférence. Mon mari avait à peu près le même âge et appréciait particulièrement sa compagnie. Un jour, cette espèce de sage nous a rendu visite. Aussitôt, ma belle-mère s'est activée en cuisine et m'a appelée pour que je serve notre hôte dans la cour principale. Naturellement, je me suis présentée devant l'inconnu la tête recouverte par mon sari. Sans dire un mot, j'ai touché les pieds du brahmane avant de poser devant lui une assiette de *puris* et un verre d'eau. Je m'apprêtais à me retirer quand il a soudain brisé le silence :

— Où habitent tes parents ?

— Près de Chitrakoot, lui ai-je répondu poliment.

— Combien as-tu de frères et sœurs ?

— J'ai deux sœurs et un frère.

Ses questions commençaient à me mettre mal à l'aise. Ne pouvait-il pas les poser à mon mari, son ami ? Ne savait-il pas que parler à un inconnu était inconvenant pour une jeune épouse ? Je jetais des coups d'œil furtifs du côté de la cuisine, me demandant pourquoi ma belle-mère tardait tant à revenir.

— Qui est ton mari ? m'a demandé le saint homme, l'air ingénu.

Mon mari ? Ma parole, il se moquait de moi ? Comment pouvait-il ne pas le savoir ? Et puis soudain, j'ai compris. Mon interlocuteur était ni plus ni moins en train de flirter avec moi. J'ai explosé :

— Qu'est-ce que ça veut dire ? Pourquoi ne posez-vous pas toutes vos questions devant ma belle-mère ? Mon mari est votre ami, vous n'avez pas honte ?

De rage, j'ai dévoilé mon visage. Une manière, aussi, de répondre à sa provocation par une autre plus grande encore. Sidéré, le brahmane est resté sans voix. Ma belle-mère s'est précipitée dans la cour, affolée.

— Sampatji, as-tu perdu tes esprits ? Comment oses-tu parler à un saint homme sur ce ton ?

— Vous plaisantez ? Il m'a fait des avances, votre saint homme ! Je vous préviens, s'il reste une minute de plus dans cette maison, je le jette dehors.

À la fois penaud et furieux, notre hôte a préféré partir. Ma belle-mère, elle, était estomaquée par mon insolence. Les jours suivants, elle s'est répandue dans tout le village, dénonçant mon blasphème auprès de toute la communauté. J'avais exhibé mon visage devant un homme de foi. C'était inacceptable ! Inacceptable ? Quel drôle de mot ! L'inacceptable, c'est ce qui est injuste. Et ma belle-mère n'allait pas tarder à voir jusqu'où j'étais prête à aller pour défendre mes convictions. Car des sacrilèges, j'allais en commettre bien d'autres.

Quelques semaines plus tard, un deuxième incident m'a de nouveau confrontée à la communauté brahmane. Un jour, alors que je lavais quelques assiettes sur le pas de la porte, l'un d'eux est venu me voir.

— Je reçois des invités chez moi. J'ai besoin que tu me prêtes des nattes de sol.

À Rauli, cette pratique était solidement ancrée : quand ils avaient besoin de quelque chose, les brahmanes venaient se servir chez les castes inférieures. De préférence chez les Gadarias, situés tout en bas de l'échelle sociale et ne valant guère mieux que les intouchables. Aux brahmanes, on ne refusait rien : ils dirigeaient le village. Évidemment, personne ne revoyait le moindre petit bout de corde de la natte qu'il avait prêtée.

— Non, je ne te donnerai pas de natte, ai-je répondu calmement, en le regardant droit dans les yeux.

— Sais-tu bien à qui tu parles ? Te rends-tu compte de ce que tu es en train de faire ?

— Bien sûr que je m'en rends compte. Mais il y a différentes façons de demander quelque chose. La vôtre est grossière. Vous n'êtes pas mon maître, je ne vous dois rien, partez.

J'aurais frappé le misérable que je n'aurais pas produit un tel effet. Le brahmane, rouge d'indignation, s'est mis à hurler, appelant les voisins à venir témoigner de l'affront. Tout le monde s'est rassemblé autour de nous. Mon mari et mes beaux-frères ont accouru ventre à terre. Toutefois, ils sont restés un peu en retrait, sans prononcer un mot. Dans leurs yeux brillants, je devinais une certaine admiration. Je lisais aussi la peur. Sans doute craignaient-ils des représailles de la part de la communauté la plus puissante du village. Quant à ma belle-mère, elle s'étouffait de rage, bégayant tandis qu'elle tentait d'excuser mon attitude auprès de l'homme que j'avais éconduit.

Les badauds se sont attroupés. Certains dardaient sur moi des regards curieux, mais la plupart étaient hostiles. Malgré la pression, j'ai tenu bon et continué à défier le brahmane en le fixant, le menton relevé et les poings sur les hanches. Comprenant qu'il n'obtiendrait rien de moi, il a fini par tourner les talons. La foule s'est dispersée. Mais le parfum de scandale a empoisonné l'atmosphère du village pendant de longs mois. Souvent, je croisais des hommes qui m'arrêtaient pour me dire qu'ils m'avaient approuvée. La belle affaire ! Encore fallait-il avoir le courage de l'exprimer devant tout le monde ! Les femmes, en revanche, m'ont jugée sévèrement. En répondant à un homme avec insolence, je ne m'étais pas seulement taillé une solide réputation d'enquiquineuse. J'avais bousculé l'ordre établi et, par conséquent, mis la communauté en danger. Ces préoccupations me touchaient peu. Je ne me sentais pas vraiment concernée. Une seule chose m'importait : depuis que j'avais dit « non », plus aucun brahmane n'était venu emprunter une natte de sol au sein de notre communauté. Alors, tant pis si mon aura sulfureuse en dérangeait quelques-uns !

Enfin, quand je dis quelques-uns… En réalité, il y avait surtout une personne que mon existence dérangeait. Pour ma belle-mère, j'étais devenue une bru bien encombrante. Entre nous, les relations étaient désormais tendues. Un troisième différend allait bientôt nous opposer, qui déterrerait définitivement la hache de guerre. Au village, un certain Mahesh tenait une petite épicerie, dans laquelle on pouvait se procurer, au prix fort, toutes sortes de graines. Personne n'avait jamais cherché à savoir où il s'approvisionnait. Un jour que je remontais l'eau du puits, j'ai saisi des bribes de conversation entre deux femmes, qui m'ont mis la puce à l'oreille. J'ai compris que Mahesh se fournissait auprès des femmes du village. Celles-ci puisaient dans leurs propres réserves de blé, de riz ou de lentilles, volant une part des récoltes de leur mari pour les revendre en secret. C'était pour elles le seul moyen d'avoir un peu d'argent. Ce n'est pas tant le fait qu'elles volaient leur propre foyer qui me choquait, que l'escroquerie dont elles étaient victimes : sans scrupules à l'idée d'abuser de femmes démunies, Mahesh rachetait leurs graines pour un prix ridiculement bas : 40 roupies pour un sac de lentilles jaunes, imaginez… Si ces pauvres femmes avaient pu se rendre au marché le plus proche, elles en auraient tiré au moins 300 roupies. Il suffisait de les pousser à s'organiser ! Ironie de l'histoire, ce roublard d'épicier stockait ces provisions mal acquises dans un coin de la réserve de ma belle-mère, qui lui louait un petit espace. Aussitôt, j'ai alerté celle-ci du trafic qu'elle abritait sous son toit.

— De quoi tu te mêles, Sampat ? m'a-t-elle répondu avec humeur.

— Mais enfin, vous ne pouvez pas encourager ce genre de pratique ! Vous vous rendez complice du racket organisé par cet homme.

— Tais-toi, cela ne te concerne pas.

Pendant quelque temps, je me suis tenue tranquille. Mais je n'en pensais pas moins. Un jour, n'y tenant plus, j'ai décidé d'intervenir, à ma façon. Tous les jours, je m'installais dehors, sur le pas de la porte. Tout en lavant la vaisselle, j'ai commencé à parler toute seule, à voix haute, en faisant des allusions directes à la bêtise de ces femmes qui se laissaient exploiter. La plupart des passants observaient mon drôle de manège sans comprendre. Certains pensaient que j'avais l'esprit dérangé. Mais les principales intéressées se reconnaissaient immédiatement. Rouges de honte, elles passaient devant moi pour aller chercher l'eau au puits en baissant la tête. À l'intérieur de la maison, ma belle-mère fulminait, impuissante. À force de m'entendre grommeler du matin au soir, mon beau-père est venu me trouver.

— Viens par ici, Sampatji. Dis-moi, pourquoi marmonnes-tu comme ça toute la journée ? On dirait que tu es en train de perdre la tête.

— Désolée, je ne peux rien dire.

— Allons, Sampat, parle, tu dois tout me dire.

Ma belle-mère, qui nous écoutait à quelques mètres de là, m'a fusillée du regard. Je l'ai ignorée. Prenant mon courage à deux mains, j'ai tout raconté à mon beau-père. Au fur et à mesure que je lui révélais les détails de l'affaire, ses yeux s'agrandissaient de surprise. Je voyais bien qu'il était choqué. Pourtant, j'ai rapidement compris que je ne pourrais pas compter sur lui : il avait bien trop peur de sa femme pour oser intervenir. Celle-ci, l'œil mauvais, tremblait de colère. Elle n'a rien dit, mais j'ai su que j'allais payer très cher cette trahison. Du jour au lendemain, ma belle-mère est devenue une vraie poison. Cette sorcière ne ratait pas une occasion de m'humilier devant le reste de la famille, se moquant de mes *chapatis* ou de mes cheveux mal coiffés. Peu de temps auparavant, le deuxième frère de mon mari s'était marié et une autre bru vivait depuis sous notre toit. Elle avait à peine un an de moins que moi. Au début, nous étions très amies. Malheureusement, ma belle-mère saisissait le moindre prétexte pour nous monter l'une contre l'autre. Nos maris respectifs prenaient parti pour leur épouse et cela dégénérait toujours en énormes disputes. Pendant trois ou quatre mois, l'ambiance a été épouvantable. Toute la famille s'est retrouvée divisée. Jusqu'au jour où ma belle-mère a mis mon mari au pied du mur :

— Ce n'est plus possible, Sampat doit quitter la maison. Libre à toi de la suivre.

Mon mari n'avait pas le choix. Devant sa mère, il devait s'incliner. Le fait que je sois de nouveau enceinte n'a pas infléchi cette dernière le moins du monde. Magnanime, elle m'a tout de même octroyé un logis de fortune : la remise où l'on rangeait le bois. J'ai emménagé dans cet abri sommaire, situé un peu à l'écart des habitations, avec ma petite Prabhawati. On ne m'a rien laissée emporter avec moi, à l'exception d'un sac de riz. Au début, j'ai accepté mon sort sans sourciller, trop heureuse d'échapper à l'emprise de mon inflexible belle-mère. Incapable de choisir entre ses parents et son épouse, mon mari faisait les allers-retours chaque jour. Mais ses visites ont fini par s'espacer. Au bout de un mois, je n'avais plus rien à manger, pas même assez de lait pour nourrir ma fille. Voulait-on m'affamer ? J'ai fini par craindre pour ma vie. Dans les campagnes, quand une belle-fille devient trop gênante, un « accident » est vite arrivé. Pour me protéger, j'ai décidé de porter le litige sur la place publique. À ma manière bien sûr ! Une nuit, je me suis glissée en dehors de la remise. J'ai coupé à travers champs, éclairée par la lune, au milieu des masses sombres des buffles qui paissaient en silence, en me dirigeant vers l'enclos où dormaient leurs petits. Je n'ai eu qu'à soulever la barrière pour que tous les bufflons et les jeunes veaux se ruent dans les champs pour rejoindre leur mère. Puis je suis retournée me coucher.

Le lendemain, comme prévu, j'ai reçu de la visite aux aurores. C'est mon mari qui s'est présenté.

— Sampat, où sont passés les bébés des vaches ? Ils ne sont plus dans l'enclos.

— Je ne sais pas de quoi tu parles, Munni Lal. Je te rappelle que je ne vis plus sous ton toit. Vous devriez peut-être mieux surveiller ce qui vous appartient.

L'air suspicieux, Munni Lal est reparti. Je suis restée assise tranquillement, sachant qu'il reviendrait très vite. Une heure plus tard, je l'ai vu reparaître, le pas mécanique et le visage furibond.

— Sampat, qu'est-ce que tu as fait ? Les veaux ont passé la nuit avec les vaches, ils ont tété tout le lait, il n'y a plus rien à traire ! Tu es folle ou quoi ? !

— C'est toi qui es fou de croire que tu peux te mesurer à moi. Tu n'as aucun courage, tu plies devant ta famille. Vous avez voulu m'affamer. Mais n'allez surtout pas imaginer que je vais retourner vivre chez mes parents. Il n'en est pas question. J'ai le droit de vivre ici et je me battrai jusqu'au bout pour le faire valoir.

Cette fois, la rupture était consommée. Pour ma belle-famille, la coupe était pleine : je devais sortir du clan. Le seul moyen de le faire était de procéder à la division officielle des biens et propriétés. Et, par conséquent, de porter l'affaire sur la place publique. Car ce genre de litige, à la campagne, requiert l'arbitrage du *panchayat*, le conseil des anciens. Quelques jours plus tard, l'ensemble de la famille s'est réuni sur la place principale du village, à l'ombre d'un immense banyan. Il y avait mes beaux-parents, mon mari, ses frères, mais aussi toute une tripotée de cousins éloignés : le clan des Gadarias au complet. Un représentant de chaque caste avait également été convié. La présence des castes supérieures est indispensable. Il y avait donc un brahmane, ainsi qu'un Thakur, venu d'un village voisin, pour présider le *panchayat*. J'étais là aussi, assise comme les autres sur le muret de pierres, à côté de mon mari. Quand les palabres ont commencé, un sombre pressentiment m'a envahie. La présence du brahmane et du Thakur n'augurait rien de bon. Qui étaient-ils, ces étrangers, pour pouvoir juger de nos histoires de famille ? En vertu de quoi pouvaient-ils décider de mon avenir ? Les discussions m'ont paru interminables. Depuis l'histoire du brahmane devant lequel je m'étais découverte jusqu'à celle de la libération des veaux, chacun y est allé de son anecdote, ponctuée des commentaires bruyants des villageois. Ils étaient tous là, debout autour de nous. Personne n'avait voulu manquer le spectacle. Quand j'ai pris la parole à mon tour, j'ai défendu ma cause avec passion. En vain. En réalité, mon sort était scellé depuis le début : les brus récalcitrantes ont forcément tort. Surtout celles qui osent remettre en cause la hiérarchie des castes. Face à un tribunal présidé par un brahmane et un Thakur, je n'avais aucune chance. Le conseil m'a attribué un vieux buffle, une vache, un pot en terre, trois sacs de blé et un sac de riz. Moi qui étais arrivée à Rauli sur une charrue chargée de présents, il ne me restait désormais que mes yeux pour pleurer. Tout ce que mon père m'avait donné pour mon mariage, les bijoux en or, le grand lit en bois, un buffle vigoureux, les saris, les ustensiles de cuisine, est allé à ma belle-famille. Naturellement, je n'ai pas non plus obtenu le plus petit bout de terre à cultiver.

J'étais révoltée. Jusque-là, j'étais restée calme. Mais, à l'énoncé du verdict, j'ai bondi, évacuant d'un coup toute la rage que je contenais depuis des heures.

— Qu'est-ce que c'est que cet accord ? Ce conseil n'a aucune légitimité ! Ceci est une affaire de famille qui doit être réglée en famille. Au nom de quoi devrais-je obéir à un brahmane et à un Thakur ? Ils n'ont rien à faire là. Vous ne voyez pas que leur seule obsession est de creuser nos dissensions, de diviser pour mieux régner ? Je vous préviens : il est hors de question que je me plie à la volonté de ce conseil. Je ne m'en irai pas d'ici tant que je n'aurai pas obtenu justice. Et ça commence par le buffle : votre vieille carne, vous pouvez la garder. J'exige que l'on me rende la bête vigoureuse que mon père m'avait offerte.

Le Thakur et le brahmane, sidérés par mon audace, avaient les yeux exorbités. Ma belle-mère, qui croyait s'en tirer à bon compte, s'est mise à grimacer. Tout autour, les villageois, excités comme des puces, retenaient leur respiration, attendant de voir qui allait bien pouvoir me rabattre le caquet. On entendait les mouches voler. Soudain, une voix chevrotante a brisé le silence :

— Elle a raison.

Toute l'assemblée présente, moi comprise, s'est retournée, haletante, vers le fond de la place ombragée, d'où venait la voix. Un vieil homme, un oncle éloigné de la famille, s'est avancé d'un pas.

— Oui, elle a raison. Les brahmanes et les Thakurs ont toujours été contre nous. Ils nous exploitent depuis des années. C'est absurde de leur confier l'arbitrage de nos problèmes internes.

Le vent venait de tourner. Dans la foule, les langues se sont déliées. Plusieurs paysans ont concédé que le vieil homme n'avait pas tort. La mine défaite, le brahmane et le Thakur se sont levés. Sans même un regard pour moi, ils ont quitté les lieux. Un peu déstabilisée, ma belle-mère s'est vite ressaisie :

— Je ne te donnerai rien, tu entends ? Si tu veux ta part, tu n'as qu'à aller la réclamer chez tes parents.

— Ma part ? Mais je ne demande rien pour moi. Je réclame simplement ce qui revient à mon mari. Il est toujours votre fils, n'est-ce pas ? Si ce n'est pas le cas, désignez-moi ses parents, que je m'adresse au moins aux bonnes personnes.

Tout le monde s'est mis à rire. Mon mari, piqué au vif, n'avait plus le choix, il devait intervenir. Et, pour la première fois, il a tranché en ma faveur, clouant le bec de sa mère d'une voix ferme :

— Cette situation, Amma, tu l'as bien cherchée. Maintenant, finissons-en, que l'on puisse enfin retourner au travail.

En une demi-heure, le partage a été fait. Tous les biens de la famille ont été répartis en cinq parts égales : celles des cinq fils de ma belle-mère. *In extremis*, j'ai obtenu que sa fille, du même âge que la mienne, ait aussi droit à quelque chose quand elle serait majeure.

Munni Lal a hérité de la remise de bois, mais nous avons accepté de bon cœur, car nous avons obtenu davantage de terres en guise de compensation. Le lieu était un peu rustique, mais nous avions dorénavant tout le loisir de faire les aménagements nécessaires. J'avais gagné. Désormais, je ne vivrais plus sous la coupe de mes beaux-parents.

[illegible]

[illegible]

[illegible] les adolescents de village ont contracté une sorte [illegible]

4

Réunion secrète

J'étais enfin débarrassée de ma belle-famille : une nouvelle vie s'offrait à moi. Mais l'indépendance avait un prix. Désormais, nous ne pouvions compter que sur nous-mêmes. J'ai encouragé Munni Lal à travailler plus dur pour subvenir à nos besoins. Moi-même, je redoublais d'énergie. J'ai investi toutes mes économies dans l'achat d'une machine à coudre. J'ai appris à m'en servir toute seule. Au bout de quelques semaines, j'étais capable de confectionner toutes sortes de vêtements. Toute la journée, je montais des jupons, des blouses et des pantalons. Une fois rodée, j'ai commencé à les vendre dans le village, ce qui s'est avéré une activité très rentable. Amravati, ma deuxième fille, est née pendant la mousson. Cela ne m'a pas empêchée de travailler encore plus dur. J'ai également ouvert une échoppe dans le petit village proposant *bidis*, noix de bétel et quelques légumes. En peu de temps, je suis devenue totalement autonome.

L'idée d'une école de couture s'est imposée quand les adolescentes du village ont commencé à me solliciter. Elles aussi voulaient apprendre à confectionner leur propre garde-robe, puis celle de leur futur foyer. Aucune d'elles ne savait lire. Spontanément, je leur ai proposé de leur transmettre ce que j'avais retenu lors de mes deux années passées à l'école. Au début, il s'agissait de réunions informelles avec quelques jeunes filles du village. Ce n'était pas évident de réussir à trouver des lieux discrets pour nous regrouper : les hommes n'aimaient pas trop nous voir discuter. Pour ne pas créer de problèmes, nous nous sommes donc réunies à Goada, un village situé à quelques kilomètres. C'est là que j'ai ouvert mon école, dans un petit local loué à la commune. Mes élèves avaient entre dix et treize ans. Pour 7 roupies par tête, je leur apprenais la couture pendant une heure et la lecture, ainsi que l'écriture pendant deux heures. Leurs parents étaient ravis que j'inculque un savoir-faire à leurs filles, dont certaines étaient déjà en âge de se marier. Cela me prenait un certain temps, mais mes deux enfants restaient avec moi pendant les cours, ce qui me permettait de mener de front ma vie familiale et cette nouvelle activité.

Un jour, un homme, inconnu au village, est venu me voir.

— C'est toi qui donnes des cours de couture aux femmes du village ?

— C'est moi.

— Je m'appelle Gopalgi et je travaille pour l'organisation caritative Balti Samag Sewa Sunstan. On organise, à partir de demain, un grand meeting de sensibilisation sociale à Chitrakoot. Des centaines de femmes de toute la région vont y assister. Cela pourrait intéresser quelqu'un comme toi. Tu veux venir ?

— Pourquoi pas ? Je vais y réfléchir.

Au fond de moi, c'était tout réfléchi. Je n'avais pas bien compris de quoi il était question exactement, mais la perspective de rencontrer d'autres femmes et de parler librement avec elles me galvanisait. Certes, la ville de Chitrakoot n'était pas toute proche, mais c'était juste à côté de la maison de mes parents, ce qui m'offrait une bonne excuse si je devais me faire prendre. Car, naturellement, il était hors de question que j'en parle à mon mari. Comment aurait-il pu comprendre ? J'avais trop peur qu'il m'interdise d'y aller. Le lendemain matin, je me suis levée à 4 heures pour expédier toutes mes corvées domestiques de la journée. Quand mon mari est parti aux champs, j'ai poussé mes filles dehors, en les envoyant chez leur grand-mère. Puis je suis partie, dans mon jupon terreux de tous les jours. Avant de sortir du village, je me suis arrêtée chez le tailleur pour y acheter un sari plus présentable. Juste avant d'atteindre la route, j'ai retiré mes vieilles nippes, les ai cachées dans le fossé et ai enfilé ma tenue de ville. Je suis montée dans le premier bus pour Chitrakoot. Je partais pour l'inconnu, mais quelque chose me disait que cela allait me plaire.

Je suis descendue du bus au milieu d'une foule de femmes. Elles arrivaient en scooter, en camion ou en carriole. Je me suis contentée de suivre le courant et j'ai atterri dans une grande salle communale. Des dizaines de femmes assises par terre étaient en train d'écouter une dame élégante juchée sur une estrade. Je me suis concentrée sur ce qu'elle disait. J'ai été happée par son flot de paroles. Je n'en croyais pas mes oreilles. Elle conjuguait au féminin des notions comme l'éducation, le travail, la liberté de parole. Dans sa bouche, le respect de la femme, de ses droits, le nécessaire apprentissage de son autonomie devenaient des causes nobles et légitimes.

Son discours m'a fait l'effet d'un puissant hypnotique. Elle s'exprimait si bien, ses expressions étaient si percutantes, j'aurais voulu qu'elle ne s'arrête jamais. Quand elle s'est tue, tous ces mots nouveaux, « droits », « émancipation », se sont mis à s'entrechoquer dans ma tête. Une autre intervenante l'a remplacée au micro, puis une autre encore. Moi qui m'étais toujours sentie plus futée que les autres, je réalisais, pour la première fois, que je savais si peu de choses… Ici, elles étaient nombreuses, parmi les intervenantes comme chez les auditrices, à être éduquées. Beaucoup venaient de Lucknow, d'autres de plus loin encore. Toutes étaient animées par le même dessein : l'émancipation intellectuelle et sociale des femmes. Elles avaient tant à m'apprendre, la tête m'en tournait. J'ai fait la connaissance d'Alka, une artiste qui voyageait de village en village pour chanter avec les femmes de toutes conditions. Elle les initiait à des notions élémentaires concernant les maladies, l'hygiène ou l'éducation en chantant et en actionnant des marionnettes. Il fallait la voir manipuler ses figurines : elle était incroyable !

Le meeting se poursuivait le lendemain. Mais je devais rentrer chez moi. Je n'avais prévenu personne, mes enfants, mon mari m'attendaient. J'ai regagné mon village sur un petit nuage. En descendant du bus, j'ai tout de même pensé à récupérer mon pauvre jupon dans le fossé afin de me rhabiller discrètement. Le soir, en faisant rôtir mes *chapatis*, je ressassais toutes les choses que j'avais entendues. Pendant le repas, mon mari était d'humeur bavarde. J'ai fait semblant d'écouter ce qu'il disait. Ma tête était ailleurs, dans un monde merveilleux où les femmes allaient à l'école et prenaient en main leur avenir. Une fois rassasié, Munni Lal s'est écroulé sur le lit et s'est bientôt mis à ronfler. De mon côté, je n'ai pas pu fermer l'œil de la nuit, je n'avais qu'une obsession : retourner au meeting. À l'aube, je me suis levée en gémissant. Mon mari s'est aussitôt inquiété.

— Qu'y a-t-il, Sampatji ?

— Je ne sais pas. Une douleur atroce me vrille le tympan.

— Montre-moi ton oreille… Je t'assure, je ne vois rien, c'est bizarre.

— Bizarre peut-être, mais en tout cas, j'ai sacrément mal. Écoute, je vais aller me reposer chez mes parents pendant un ou deux jours. Je prends Amravati avec moi.

— Comme tu voudras. Fais ce qui est le mieux pour toi.

À 8 heures, je suis partie, avec ma fille sous le bras. Pour l'occasion, j'avais ressorti de mon trousseau de mariée un beau sari de coton vert. La veille, je m'étais sentie un peu pouilleuse à côté de toutes ces dames de la ville. Je ne sais pas pourquoi, mais il m'a semblé important de faire bonne figure. Quand je suis arrivée à Chitrakoot, plusieurs femmes m'ont saluée en me reconnaissant. L'une d'elles m'a même complimentée sur ma tenue. J'étais aux anges… Nous sommes retournées dans la salle communale, où l'on nous a demandé de nous présenter. Quand est venu mon tour, je me suis levée et j'ai épelé mon nom en anglais, comme me l'avait appris mon oncle quand j'étais enfant. Devant l'air impressionné des organisateurs, j'ai rosi de plaisir comme une gamine. Les conférences ont repris, beaucoup plus interactives que la veille. C'était la première fois que je pouvais échanger mon point de vue avec des femmes du même âge que moi, sur des sujets que je croyais tabous. Personne ne m'avait jamais dit que j'avais le devoir de faire respecter mes droits, que l'exploitation des femmes par les hommes était un mal qu'il fallait combattre, qu'il fallait s'unir pour mieux défendre ses idées. Pour la première fois, des dizaines de personnes venues de tous les milieux mettaient des mots sur quelque chose que je ressentais de façon instinctive. J'ai appris ce que signifiait le mot « débat ». Subjuguée, j'écoutais les points de vue des unes et des autres avec la concentration d'une écolière, en tentant de m'imprégner de leur rhétorique. C'était comme si je m'éveillais à la vie. Tout d'un coup, le monde m'est apparu comme plein de promesses. D'une manière un peu floue, j'ai commencé à entrevoir le rôle que je pouvais y jouer.

Quand mon mari a déboulé en beuglant au beau milieu de l'après-midi, alors que nous étions toutes en train de chanter, ce fut comme si le ciel me tombait sur la tête. Il tenait un bâton à la main, je ne l'avais jamais vu si en colère.

— Sampat ! Qu'est-ce que tu fais ici ? Qu'est-ce que ça veut dire ? Traîtresse, approche un peu que je te fasse passer le goût du mensonge !

Il hurlait en agitant son *lathi* comme un forcené, m'abreuvant des pires injures. Tout le monde le regardait, médusé.

— Sampat, tu connais cet homme ? Pourquoi te crie-t-il dessus ?

Impossible de leur répondre, mes lèvres ne pouvaient pas bouger. J'étais mortifiée. J'aurais préféré mourir sur-le-champ plutôt que d'avouer que cette brute mal dégrossie était mon époux. C'était un cauchemar. Comment Munni Lal avait-il pu me retrouver ? Comment le faire disparaître ? C'est à ce moment que j'ai aperçu mon frère. Trop obnubilée par le spectacle affligeant de mon mari, je n'avais pas remarqué qu'il était à ses côtés depuis le début, tentant de le ramener à la raison.

— Munni Lal, calme-toi. Allons prendre un thé tous ensemble, histoire de discuter tranquillement.

Cher Shiv Naresh… Il avait quinze ans de moins que moi, mais nous étions très proches. Ayant eu la chance, lui, d'aller à l'école, il était scolarisé au lycée à Chitrakoot, où il louait une petite chambre. Je sais qu'il était très impressionné de me voir au milieu de cet important meeting. Ce n'était pas un être fruste comme mon mari et j'ai tout de suite compris qu'il était aussi embarrassé que moi face au comportement ridicule de Munni Lal. Alors que celui-ci continuait à vociférer, Shiv Naresh est resté très calme. À force de patience, il a fini par le convaincre de le suivre jusqu'à sa chambre. Mon frère est revenu un quart d'heure plus tard, seul, et m'a fait un petit signe pour me demander de sortir du bâtiment. Une fois dehors, il m'a parlé d'un ton conciliant.

— Sampatji, ton mari est très en colère. Il a exigé que tu le rejoignes immédiatement. Il veut te ramener à la maison. Peut-être que tu devrais venir lui parler ?

Rentrer à la maison ? Avec tout ce que j'avais appris ces dernières vingt-quatre heures ? Il n'en était pas question. De toute façon, il ne manquerait pas de me donner une bonne leçon dès notre retour. Quitte à se faire battre, autant que ce soit le lendemain.

— Va dire à Munni Lal qu'il peut se noyer dans la rivière, je ne bougerai pas d'ici !

Résigné, Shiv Naresh a tourné les talons en soupirant. De retour dans sa chambre, il a de nouveau essayé de convaincre mon mari d'aller m'attendre chez mes parents. En vain. Munni Lal a décidé que puisque je refusais de repartir avec lui, il allait rester avec moi pour me surveiller. Il est revenu et s'est assis sous les fenêtres de la salle communale. Le regard obtus, il n'a pas quitté son poste jusqu'à la fin de la journée. Je tentais de l'ignorer, mais c'était difficile. Pourtant, j'étais toujours transportée par tout ce que j'apprenais ici. Dans l'après-midi, mon amie Alka m'a proposé d'assister à un meeting qui allait avoir lieu à Lucknow quelques semaines plus tard. Je n'aurais rien à payer, les organisateurs prenaient tout en charge. Je n'étais jamais allée à Lucknow : c'était une occasion inespérée de sortir de ma campagne, de découvrir d'autres horizons, de rencontrer des femmes de la ville. Il fallait absolument que j'y aille : chaque occasion d'apprendre quelque chose de nouveau était bonne à prendre. Ces journées à Chitrakoot avaient ouvert dans ma vie une fenêtre sur un univers que je devinais palpitant. Je jouissais donc de ces merveilleux moments avec un plaisir non dissimulé. Dans le même temps, la présence de mon mari qui ruminait dehors m'empêchait d'apprécier pleinement cette belle journée. Je savais que pour assister à la suivante, j'allais devoir négocier serré, et la perspective d'une autre scène me nouait le ventre.

Le soir, une petite expédition en Jeep pour aller visiter les environs était au programme. J'ai profité de la cohue pour grimper subrepticement dans une voiture. Le temps que mon mari réalise que je lui avais faussé compagnie, le convoi était déjà parti. À notre retour en ville, il n'était plus là. Sans plus me poser de questions, trop heureuse d'avoir échappé à une confrontation fastidieuse, j'ai rejoint la chambre que mon frère louait pour y passer la nuit. Le lendemain matin, quand je suis revenue à la salle communale, mon mari avait repris son poste, assis par terre sous la fenêtre. La colère m'est brusquement montée au nez. Très remontée, je l'ai entraîné un peu à l'écart pour crever l'abcès une bonne fois pour toutes.

— Écoute-moi bien, Munni Lal. Maintenant, tu vas rentrer à la maison. Ce meeting, pour moi, c'est une question de vie ou de mort. Je te préviens : si tu m'empêches de rester, je ne rentrerai pas avec toi, je ne retournerai pas non plus chez mes parents. Tu ne reverras jamais tes deux filles, je les emmènerai avec moi et tu n'entendras plus parler de moi. Est-ce que tu veux vraiment en arriver là ? Tu dois être raisonnable. Regarde autour de toi : il n'y a que des femmes ici et quasiment aucun homme. Je ne fais rien de mal. Ces gens-là ne sont pas illettrés comme toi, ils ont reçu une bonne éducation. Ils m'apportent des choses que tu ne pourras jamais me donner. Ils font de moi une personne meilleure. Et toi, tout ce que tu trouves à faire, c'est provoquer un scandale. Tu ne te rends même pas compte qu'en te comportant ainsi, tu n'attires que le mépris sur toi. Tu m'as humiliée : fais en sorte de te rattraper maintenant si tu veux que je te pardonne.

Mon mari a dû réaliser à quel point j'étais déterminée. Il a sans doute pressenti, aussi, mon désespoir. À vrai dire, je n'en sais rien. Toujours est-il qu'il n'a pas prononcé un mot. Il s'est contenté de froncer les sourcils. Quelques minutes plus tard, il est retourné s'installer sous la fenêtre de l'office. Comme la veille, il est resté là, sans bouger, jusqu'au soir. À la fin de la journée, je me suis acquittée de mes 200 roupies de participation, j'ai dit au revoir à toutes mes nouvelles amies et je suis sortie du bâtiment sans un regard pour mon garde-chiourme, qui m'a aussitôt emboîté le pas. Je suis montée dans le bus, lui aussi. Il est venu s'asseoir à côté de moi, mais je l'ai ignoré. Je ne lui ai pas adressé la parole jusqu'à Rauli. Quand nous sommes revenus à la maison, j'ai donné à manger à Amravati, embrassé ma fille aînée que je n'avais pas vue depuis deux jours et me suis assise dans la cour. Je savais que Munni Lal n'allait pas se retenir beaucoup plus longtemps. Pressée d'en découdre moi aussi, j'ai attendu qu'il tire la première salve.

— Sampat, qu'est-ce qui t'a pris ? Tu te rends compte de ton attitude ? Comment as-tu osé me mentir ? Fais attention, tu deviens beaucoup trop indépendante. Depuis quand tu te passes de mon avis ? Et dire que je me suis inquiété pour toi ! J'avais peur, moi, de te voir partir seule sur les routes. En plus, tu étais malade. J'ai voulu te rejoindre, pour m'assurer que tout allait bien. Quand je suis arrivé chez tes parents, ta mère m'a dit qu'elle ne t'avait pas vue. Imagine ma surprise. De quoi j'avais l'air, franchement ? Je suis allé à Chitrakoot chez ton frère et il n'en savait pas plus. Il a fallu que ton frère et moi croisions ton ancien maître d'école pour qu'il nous apprenne que tu participais à une manifestation avec des centaines d'autres femmes. Une manifestation ! Tu es devenue folle ? Tu as du temps à perdre ou quoi ? Ta place n'est pas dans les meetings, elle est dans ton foyer !

— Je t'ai laissé parler. Maintenant, tu vas t'asseoir et m'écouter à ton tour. Qui es-tu pour me faire des reproches ? Tu es plus éduqué que moi ? Non. Tu ne connais rien à rien. Tu n'es pas mon maître, je ne t'appartiens pas. Tu ne m'as pas achetée. Avec tous les cadeaux que mes parents ont faits aux tiens, c'est ma famille, en réalité, qui t'a acheté. Ta terre n'est même pas à toi, c'est celle de ton père. Toi, tu n'as rien. Est-ce que tu rapportes beaucoup d'argent à la maison ? Non. Depuis le temps qu'on est mariés, est-ce que tu m'as acheté de beaux vêtements ? Non. Alors, il n'y a aucune raison pour que je sois ton esclave.

— Pourquoi me parles-tu comme un avocat ?

— Parce que je suis assez éduquée pour savoir comment font les avocats. Cette maison dans laquelle nous vivons, nous l'avons aménagée tous les deux. Si je ne veux plus te voir, il me suffit d'accrocher un rideau pour diviser la pièce. Chacun vivra d'un côté. Tu prendras l'une de nos filles avec toi, je prendrai l'autre. Et nous vivrons séparés.

— Pfff… Et de quoi vivras tu ?

— Regarde-moi bien. Je suis comme toi : j'ai deux yeux, deux mains, deux jambes. Toi, tu travailles dans les champs. Tu ne gagnes de l'argent que quand tu vends ta récolte, tous les six mois. Moi, je peux coudre pour gagner ma vie, et tous les jours en plus.

À ces mots, Munni Lal est parti dans un grand éclat de rire.

— Eh bien, tu en as appris des choses pendant ces trois jours !

— Ces choses, je les savais déjà. J'ai juste affiné ma vision du monde. J'ai encore tellement à apprendre. Auprès de ces femmes, j'ai la conviction que je peux grandir.

— Mais tout le monde ne voit pas les choses comme toi. Ta réputation va en pâtir. Tu sais ce que les gens racontent à propos des femmes indépendantes.

— Qu'elles sont des filles de petite vertu ? Et alors ?

On pourrait dire la même chose des hommes. Si on doit remettre en cause mon honnêteté dès que je me rends seule à un meeting, pourquoi n'en serait-il pas de même pour toi quand tu vas aux champs ?

— Cela n'a rien à voir, les femmes doivent être surveillées, un point c'est tout.

— Pourquoi ? Parce que je pourrais m'enticher d'un autre homme ? Et moi, si je commençais à te faire des crises de jalousie dès que tu sors, que je te suspectais de regarder d'autres femmes en mon absence, qu'est-ce que tu penserais de moi ?

Mon mari nageait à présent dans une grande confusion. Il était évident que mes arguments l'avaient ébranlé et je voyais bien qu'il essayait sincèrement de comprendre. Il a fini par convenir :

— D'accord, c'est vrai, sur ce point, tu as raison. Si tu commençais à me suspecter pour la moindre raison, je penserais que tu es folle ! Une personne qui fait confiance à sa propre moralité doit avoir confiance en celle de l'autre.

Munni Lal avait compris. À partir de ce jour, il m'a laissée libre de mes mouvements et ne m'a plus jamais empêchée de parler à des inconnus. Cette confiance était nécessaire : mes petites virées ne faisaient que commencer. Je voulais absolument transmettre mon savoir tout neuf. Je suis allée à la rencontre des femmes de mon village. J'organisais des réunions informelles pour discuter de l'hygiène, de l'éducation et du travail des femmes. J'essayais de leur expliquer l'importance d'être autonomes. Progressivement, je les ai poussées à s'organiser en groupes. Je leur ai suggéré, par exemple, de mettre en commun leurs économies pour créer un fonds qui permettrait de prêter de l'argent à celle qui en avait besoin, pour acheter une machine à coudre par exemple. Mes cours de couture ont repris de plus belle. J'ai formé plusieurs femmes de façon qu'elles puissent en former d'autres à leur tour. Les élèves payaient la leçon quelques roupies, qui me permettaient de reverser un salaire aux professeurs. Mon travail s'est progressivement étendu aux villages alentour. J'avais trouvé ma vocation. Mon mari ne trouvait rien à redire désormais. Plus rien ne pouvait m'arrêter.

5

Une tête mise à prix

Plusieurs années ont passé. Je continuais de diriger mon école et de monter des groupes dans les villages autour de Rauli. Dans la région, désormais, les femmes venaient de loin pour me solliciter. Elles m'invitaient à organiser une réunion d'information ou me consultaient sur la création d'un groupe. Je recevais également la visite de divers représentants officiels. Généralement, ils voulaient savoir en quoi consistait mon travail. Souvent, ils me demandaient d'intervenir dans leur village. Je saisissais toutes les occasions de diffuser mes idées sur l'émancipation féminine et l'égalité des droits. Évidemment, je ne ratais aucun meeting. J'allais à Lucknow, et même jusqu'à Delhi pour assister à ces réunions. J'y rencontrais des militants sociaux, qui me faisaient profiter de leurs expériences. Dans mon village, j'étais devenue quelqu'un d'important. Mais tout le monde ne voyait pas d'un très bon œil ma nouvelle notoriété. Là où je vis, il n'est pas bien vu de se mettre en avant comme je le faisais. Quelque temps après la naissance de ma troisième fille, Champawati, ma belle-mère a persiflé :

— Elle avait déjà du toupet quand elle n'avait que deux enfants. Regardez cette assurance qu'elle a prise depuis qu'elle en a trois. Je vous laisse imaginer si elle avait un fils !

J'ai accouché d'un quatrième enfant, un fils, que j'ai appelé Kamta Prasad. Malgré sa jalousie, ma belle-mère était satisfaite. Ce fils, elle l'attendait depuis longtemps. La famille de mon mari nous laissait tranquilles désormais. Avec mon travail, j'avais gagné le respect de beaucoup, des femmes, surtout. Elles qui avaient tant médit sur mon compte dans le passé ont compris que j'étais de leur côté, que nous avions toutes à gagner à être solidaires.

Un jour, un brahmane du village a infligé une correction à un jeune homme de la communauté chamar. Cela se passait près du puits, en face de chez moi. En deux claques puissantes, il a envoyé sa victime s'écraser au sol. Les Chamar sont des tanneurs de cuir, une sous-caste d'intouchables. En Inde, ce sont les inférieurs des inférieurs : il n'y a pas d'activité plus méprisée que le travail du cuir. J'ignore ce qui a pu provoquer la colère du brahmane. Pourtant, j'étais là quand ça s'est passé. Ce qui est sûr, c'est que le garçon qu'il a frappé n'avait rien fait pour mériter pareil traitement. Sans doute s'est-il agi d'un simple regard, que le brahmane a jugé insultant. Peut-être ce Chamar a-t-il eu tout simplement le tort de se trouver sur sa route. Dans mes réunions de femmes, j'abordais souvent le problème des castes. Officiellement, le système des castes a été aboli depuis longtemps. Mais, à la campagne, il est toujours d'actualité. Les castes supérieures continuent d'exploiter les castes inférieures. À Rauli, les Gadarias, autrement dit ma propre communauté, subissaient la loi des brahmanes depuis toujours. Je n'ai jamais accepté cette suprématie archaïque, j'ai toujours milité pour l'égalité de tous. Dans le passé, j'avais déjà défié les brahmanes. Celui-là ne me faisait pas plus peur que les autres. Quand j'ai vu le pauvre Chamar à terre, je me suis précipitée pour apostropher son agresseur.

— Qu'est-ce qui t'a pris ? Il ne t'a rien fait.

— Je fais ce que je veux.

— Comment ça ? Ce garçon n'est pas ta propriété. Tu n'as aucun droit sur lui.

— J'ai tous les droits. Ce misérable n'est rien. Ne te mêle pas de ça.

Je n'ai pas réfléchi une seule seconde : mon bras est parti tout seul. Étourdi par la violence de ma gifle, le brahmane, qui n'avait rien vu venir, est resté les bras ballants, l'air incrédule. Pendant quelques instants, je suis restée debout face à lui, encore tremblante de colère. Alors que les quelques personnes présentes nous regardaient sans comprendre, j'ai fini par me ressaisir : le temps que cette brute réalise ce que je lui avais fait, j'avais filé. Courant dans la ruelle qui me ramenait chez moi, j'ai réfléchi à toute vitesse. Les représailles pouvaient être sévères et ce brahmane allait certainement porter plainte. Il me fallait donc le prendre de court. J'ai foncé vers le quartier de la communauté chamar, où j'ai frappé aux portes pour rameuter toutes les femmes. Je les connaissais bien, pour avoir beaucoup travaillé avec elles : je les avais notamment poussées à s'organiser et leur groupe était devenu très actif. Ensemble, elles avaient appris à confectionner leurs propres vêtements, en partageant la même machine à coudre, et avaient constitué un fonds avec leurs maigres économies pour prêter de l'argent à l'une ou à l'autre en cas de besoin. Quand je leur ai raconté, en quelques mots, ce qui s'était passé, elles se sont mises à se lamenter.

— Tu l'as vraiment frappé ? Tu as pensé aux conséquences ? Mon Dieu, que va-t-il nous arriver maintenant ?

— Allons, du nerf ! Ne me dites pas que vous souhaitez laisser ce crime impuni ! Il faut réagir. Et vite.

— Ce qu'a fait ce brahmane est injuste. Mais que pouvons-nous y faire ? Nous n'avons aucun pouvoir. Personne ne nous écoutera.

— Le pouvoir, vous l'avez si vous êtes unies.

— Mais qu'attends-tu de nous ?

— Que vous vous fassiez entendre. Suivez-moi !

Nous avons d'abord fait le tour des quartiers où habitaient toutes les basses castes et les diverses communautés tribales de Rauli. L'objectif était de rassembler le plus de monde possible : pour nous faire entendre, il fallait avant tout que l'on nous voie. Au bout d'une heure, j'avais réuni une centaine de femmes : des Chamar, tanneurs, des Kahar, puisatiers, des Arack, sortes de rebelles employés comme hommes à tout faire, des Kumhar, potiers, des Dohms, artisans spécialisés dans le travail du bambou, ou encore des Kol, indigènes nomades qui s'emploient comme ouvriers agricoles... Motiver tout ce petit monde a été plus facile que prévu. Je voyais bien qu'ainsi réunies, elles n'avaient plus peur. D'un mot, j'ai invité tout le monde à me suivre.

— *Challo !*

Nous sommes sorties du village, marchant à travers champ pour rejoindre la route. Une fois sur le goudron, nous avons marché en file indienne pendant une demi-heure jusqu'au poste de police. J'ai fait patienter mes femmes dehors. À l'intérieur, un fonctionnaire assis à une table s'éventait paresseusement.

— *Namaste*. Je m'appelle Sampat Pal, j'habite Rauli. Je voudrais porter plainte contre un homme qui a frappé un Chamar.

— Qui est cet homme ?

— Un brahmane du village.

— L'homme qu'il a frappé est votre mari ?

— Non.

— C'est votre frère ?

— Non.

— C'est un cousin ? un ami ? Vous le connaissez au moins ?

— Je l'ai déjà vu, il habite mon village.

— En quoi ça vous concerne alors ? Rentrez chez vous, ce n'est pas à vous de vous occuper de ça.

— Je ne partirai pas, je veux porter plainte. Frapper un homme de basse caste est puni par la loi. Vous devez arrêter le coupable.

— Oui, bon d'accord. Écoutez, on va s'en charger. Rentrez chez vous maintenant.

— Non, d'abord, je veux que vous enregistriez ma plainte.

— Ça suffit, maintenant. Je n'ai pas de temps à perdre avec ces bêtises. Partez.

— Très bien. Mais je vous préviens, je ne suis pas venue seule. Avec mes amies, nous ne partirons pas avant d'avoir obtenu ce que nous voulons.

Sur ce, je suis sortie du commissariat pour rendre compte de mon entretien.

— Mes amies, l'agent n'a rien voulu savoir. Mais

je vous donne ma parole qu'il va l'enregistrer, cette fichue plainte ! Asseyez-vous. Nous avons tout notre temps.

En m'entendant, l'agent est sorti pour voir ce qui se passait. Quand il a vu la centaine de femmes assises sur la route, juste sous ses fenêtres, sans compter tous les enfants en bas âge des unes et des autres, il a blêmi.

— Mais qu'est-ce que vous faites ?

— Eh bien, vous le voyez, nous attendons que vous fassiez votre travail. Nous resterons là le temps qu'il faudra.

— Ce n'est pas possible, vous ne pouvez pas rester là, vous bloquez la circulation. C'est absurde !

— Ce qui est absurde, c'est qu'un agent du gouvernement refuse de faire ce pour quoi on le paie.

L'homme s'est gratté le menton, l'air perplexe. Il ronchonnait dans sa barbe, visiblement incapable de prendre une décision. Mon air narquois a fini par l'irriter et il est rentré. J'ai entendu qu'il passait un coup de fil, sans doute était-il en train de raconter la situation à un collègue pour lui demander conseil. Nous sommes restées assises par terre, sans bouger. Je ne sais pas combien de temps nous avons attendu, mais, au bout d'un long moment, l'homme est ressorti.

— Très bien, suivez-moi. Je vais prendre votre plainte.

La procédure a suivi son cours normal. La police est allée arrêter le brahmane fautif. Certes, il n'est pas resté en prison très longtemps : sa famille avait le bras long à Rauli, il a suffi que ses parents viennent plaider en sa faveur pour obtenir sa libération. Mais la plainte courait toujours. Quelques jours plus tard, le brahmane a frappé à ma porte.

— *Namaste*. Je viens vous présenter mes excuses.

En prononçant ces mots, il s'est penché pour me toucher les pieds.

— Relevez-vous. Je n'ai que faire de vos excuses. Vous devez les présenter à l'homme que vous avez frappé. Ce sont ses pieds que vous devez toucher, pas les miens.

— Jamais ! Je ne toucherai pas les pieds d'un Chamar !

— Si vous refusez, je n'accepterai pas vos excuses et ne retirerai pas ma plainte.

Ses yeux lançaient des éclairs. Je lui demandais l'impensable. Tremblant d'indignation, il est reparti aussitôt. Le lendemain, il s'est présenté au domicile du garçon chamar. Apprenant qu'il s'était excusé et qu'il lui avait touché les pieds, je me suis rendue au commissariat de police pour retirer ma plainte.

Après cet incident, la communauté chamar m'a portée aux nues. C'était la première fois que quelqu'un se battait pour l'un des siens. Les autres communautés du village aussi étaient impressionnées. Tous avaient vu qu'il était possible de faire plier un brahmane. Les élections du *pradhan*, le chef du village, approchaient. Elles avaient lieu tous les cinq ans. J'ai pensé que c'était le moment ou jamais de faire bouger les choses. Les brahmanes occupaient ce poste depuis toujours, y faire élire un Chamar serait un symbole très fort. Pour moi qui avais toujours répété aux femmes qu'il ne fallait pas croire à l'intouchabilité, cela représentait aussi un sacré défi ! Les Chamar ont été séduits par l'idée. Ils ont trouvé un volontaire pour monter au créneau : d'ordinaire, seuls des brahmanes étaient en lice. Le vote étant anonyme, le candidat chamar a été élu. C'était une victoire historique !

Pour fêter l'événement, je suis allée manger chez le nouveau *pradhan*. Accepter son invitation m'avait semblé tout naturel. Jamais je n'aurais imaginé les remous que cela provoquerait, surtout au sein de ma propre communauté. Les vieilles rancœurs se sont réveillées. Dans mon clan, beaucoup avaient encore du mal à digérer mes méthodes et ils ont sauté sur ce prétexte en or que je leur offrais. Quand on touche un intouchable, on devient soi-même impur. Moi, j'avais partagé la nourriture d'un Chamar, j'avais bu dans son verre, utilisé ses assiettes… Au bout de quelques jours, je me suis rendu compte que quelque chose ne tournait pas rond. On m'évitait. Quand je m'approchais du puits, tout le monde disparaissait. Quand je remplissais d'eau le pot de terre commun pour me désaltérer et que je le tendais ensuite à la personne qui attendait derrière moi, elle le refusait. Une femme kumhar, issue de la caste qui travaille l'argile, m'a demandé :

— Mais pourquoi les gens de ta communauté m'achètent-ils chaque jour de nouveaux pots ? Vous n'arrêtez pas de les casser ou quoi ?

J'ai fini par interroger une vieille femme :

— Peux-tu me dire ce qui se passe ?

— On t'a vue entrer chez le *pradhan*. On sait que tu as mangé chez lui. Des hommes se sont réunis. Ils ont décidé qu'il ne fallait plus t'approcher ni toucher ce que tu avais touché. Ils ont aussi menacé les parents et les frères de ton mari. Ils leur ont dit que s'ils acceptaient quoi que ce soit qui a passé entre tes mains, ils seraient mis au ban de la communauté.

J'étais devenue une pestiférée. Un sentiment étrange m'a envahie, je ne savais pas que penser de leur attitude absurde. En réalité, leur stupidité m'a prise de court. Pas pour longtemps. Très vite, la colère m'a submergée. Je me souvenais des conseils de mon oncle : « Si quelqu'un te frappe, frappe-le en retour. » Ils croyaient m'écraser ? C'était bien mal me connaître. Un jour, je suis partie pour le marché, en demandant à un gamin du village de m'accompagner. Une fois sur place, je me suis dirigée vers la cahute d'un vendeur dohm, dont la caste est aussi méprisée que celle des Chamar.

— J'ai besoin d'un panier.

— Fais ton choix, ma sœur.

— N'aurais-tu pas aussi quelque chose à manger ?

— À manger ? Non, ma sœur, désolé.

— Cherche bien, je suis sûre que tu as quelque chose à grignoter dans ta cahute. J'ai de quoi payer.

Le pauvre vendeur, je ne lui ai pas demandé son avis ! Très embarrassé, il a fini par me réchauffer deux rôtis et m'a rempli un verre d'eau. J'ai pris soin de manger les galettes et de boire l'eau de façon ostensible, de façon que le garçon qui m'accompagnait n'en perde pas une miette. Je savais qu'une fois revenu au village, il s'empresserait d'aller le raconter à tout le monde. Et c'est exactement ce qui s'est produit : la nouvelle a fait le tour des maisons comme une traînée de poudre. Mais je n'avais pas fini. Le lendemain commençait une fête religieuse en l'honneur d'une déesse incarnée en arbre. Les femmes de ma communauté avaient l'habitude de faire la *puja* ensemble. Elles ont cuisiné un *thali*, l'ont joliment dressé sur un plateau d'argile et se sont rendues avec leurs offrandes sur la place du village. Elles se sont assises en demi-cercle face à la petite statuette de la déesse, nichée dans une alcôve de ciment au pied du grand banyan. Je les ai rejointes avec mon propre plateau, en m'installant en bout de file. Elles se sont immédiatement levées et se sont toutes décalées d'un mètre. Je les ai imitées. Elles se sont déplacées de nouveau et je me suis déplacée avec elles. Les hommes tout autour se sont approchés, intrigués par notre manège. Celui-ci a duré un certain temps, jusqu'à ce qu'une vieille femme, excédée, finisse par lâcher :

— Ce petit jeu va durer longtemps ? Avec tout ça, on n'a toujours pas commencé à prier !

Moi aussi, j'en avais assez. Et puis j'avais envie de m'amuser à autre chose. J'ai renchéri :

— C'est vrai ça ! À croire que vous n'avez pas envie de prier !

En prononçant ces mots, j'ai attrapé la statuette de la déesse et l'ai jetée à terre. Leur plateau toujours dans les mains, ces bigotes ont commencé à crier. Je suis passée devant elles et, méthodiquement, j'ai renversé chaque plateau en donnant un grand coup dedans par en dessous. Leurs lamentations bruyantes sont devenues insupportables et je suis rentrée chez moi. Des tas de villageois m'ont suivie. En chemin, j'ai jeté mes propres offrandes par-dessus l'épaule, ce qui a eu le don d'exciter la colère de mes poursuivants. On m'insultait de toutes parts. J'ai répondu en riant très fort. Sur le seuil de ma maison, je me suis retournée pour leur lancer un dernier éclat de rire et puis j'ai refermé la porte derrière moi.

Ce dernier incident a été la goutte qui a fait déborder le vase de toutes mes provocations. Chez les Gadarias, mes détracteurs les plus virulents étaient bien décidés à me faire passer l'envie de plaisanter. Le pire, c'est qu'ils allaient y arriver.

Quelques semaines plus tard, j'ai reçu la visite d'un

parent éloigné, un vague cousin du côté de la famille de mon père. De passage à Rauli pour une affaire, il en avait profité pour venir me saluer.

— Alors, dis-moi quelle affaire t'amène ici.

— Je cherche une femme qui donne des cours de couture.

— Quel est son nom ?

— Je l'ignore. On m'a dit que tout le monde la connaissait.

— Et qu'est-ce que tu lui veux à cette femme ?

— Je peux te faire confiance ?

— Bien sûr, nous sommes cousins.

— Eh bien, sache qu'il y a des gens qui ne l'aiment pas beaucoup. Je ne peux pas te dire qui a fait appel à moi, mais on m'a payé 10 000 roupies pour que je la supprime.

Je me suis sentie nauséeuse, j'avais les jambes en coton. Cet homme qui faisait partie de ma famille était un *dada*, un tueur à gages. En Inde, on est généralement très fier d'avoir un *dada* dans la famille : c'est signe de réussite. Celui qui se tenait devant moi avait été payé pour me tuer, moi, Sampat. Et il me faisait ce terrible aveu en gonflant la poitrine ! Mais pourquoi ? Qui pouvait bien vouloir ma mort ? Mon clan me haïssait-il à ce point ? À moins que cela ne vienne des brahmanes ? Et ma belle-famille, pouvait-elle être complice ? J'avais le vertige rien que d'y penser, mais je n'avais pas le temps de m'attarder sur la question. Mon cousin ignorait encore que c'était moi l'objet de sa mission. Même s'il allait finir par le savoir, d'une façon ou d'une autre, je disposais d'un avantage énorme. Il fallait que je reste maîtresse de moi-même. J'ai essayé de calmer les battements de mon cœur, de respirer calmement et, de la voix la plus normale possible, j'ai proposé :

— Tu es venu tout seul ?

— Nous sommes cinq à avoir été recrutés. On doit tous se retrouver aujourd'hui à Rauli.

— Veux-tu loger à la maison cette nuit ? Si tu veux, tu peux dire à tes amis de venir. Je connais cette femme dont tu m'as parlé. Demain, je vous montrerai où elle habite.

— Pourquoi pas ? Ton offre est généreuse. Elle séduira les autres, j'en suis sûr.

En fin d'après-midi, mon cousin est revenu avec le reste de la bande. Je les ai invités à s'asseoir dans la cour sur des nattes posées au sol. Pendant qu'ils fumaient des *bidis*, je suis allée en cuisine afin de leur préparer à manger. Ils étaient mes hôtes, je me devais de les recevoir convenablement. Quand mon mari est rentré des champs, je lui ai dit que l'on avait des invités, que je lui expliquerais tout plus tard. Munni Lal est allé s'installer avec les hommes et je leur ai servi le repas. Quand ils ont eu bien mangé, bien bu, je leur ai demandé à tous de se taire.

— Si je vous ai réunis sous mon toit ce soir, c'était pour vous annoncer quelque chose. La femme qui donne des cours de couture à Rauli, c'est moi. Laissez-moi vous raconter toute l'histoire. Ensuite, vous déciderez si vous voulez me tuer ou pas.

Les cinq *dadas* avaient les yeux ronds comme des billes. Bouche bée, ils m'ont écoutée jusqu'au bout, faisant des « Ahhh » et des « Ooohh » à chaque nouvelle anecdote. À la fin, ils savaient tout de ma lutte contre les castes, de la colère des brahmanes face à mes provocations, de mes efforts pour émanciper les femmes et des tentatives de mon clan pour me mettre des bâtons dans les roues. Mon long discours les a retournés, ils avaient l'air sincèrement honteux.

— Pardonne-nous ma sœur, nous ignorions tout cela. Ta vie n'a pas l'air facile et tu sembles te battre pour des causes justes. Sois tranquille, nous ne te ferons rien. Nous renonçons au contrat.

Les *dadas* ont tenu à me donner 50 roupies pour me dédommager du repas, puis ils sont partis. J'étais partagée entre la peur et le soulagement. Ceux-là avaient renoncé, mais combien de temps avant qu'on ne m'en envoie d'autres ? Mon mari me regardait gravement. Il avait beau être choqué, tout cela le surprenait moins que moi. Moi qui croyais pouvoir changer les choses, j'avais échoué. Ma vie, désormais, était en danger. Je ne pense pas que ma belle-famille avait fomenté le complot. Je suspectais plutôt les brahmanes. En revanche, ils avaient forcément impliqué mon clan. Plus jamais je ne pourrais regarder dans les yeux mes voisins, plus jamais je ne pourrais croiser quelqu'un sans me demander s'il était au courant, s'il était complice. Ce soir-là, j'ai pris la décision de quitter le village. J'ai empaqueté quelques affaires, sous les yeux de mon mari qui m'observait sans rien dire. Nous sommes convenus qu'il me rejoindrait le lendemain avec les buffles. Nous nous sommes donné rendez-vous chez mes parents. Je suis partie dans l'heure, avec trois de mes enfants.

Il était tard. J'ai attrapé le dernier bus. Mes enfants ne disaient pas un mot. Ils n'avaient pas posé une seule question. Une immense détresse m'a envahie. Je me sentais perdue, trahie. Soudain, rentrer chez mes parents m'a paru être un échec plus cuisant encore qu'avoir un contrat sur sa tête. C'était comme revenir en arrière. Sur un coup de tête, je suis descendue à l'arrêt suivant : Badausa, une toute petite ville située à une vingtaine de kilomètres de Rauli. Il fallait que je réfléchisse. J'ai posé mes baluchons au bord de la route, mes enfants se sont assis dessus et je me suis accroupie, le front dans les genoux. Je ne voulais surtout pas qu'ils m'entendent pleurer. Mais, à l'intérieur de moi, j'ai laissé couler les larmes longtemps. Tout mon corps sanglotait en silence. Quand j'ai enfin levé les yeux, une tête familière me dévisageait. C'était Indrani Gupta, une veuve que je connaissais pour avoir travaillé avec elle.

— Sampatji, c'est bien toi ? Que fais-tu là toute seule avec tes enfants au bord de la route ? Tu ne vois pas que la nuit tombe ?

— Je ne peux pas retourner chez moi. Je ne sais pas où aller.

— Viens chez moi pour la nuit. Tu vas tout me raconter.

Chez elle, j'ai couché mes enfants. Et puis les mots sont sortis tout seuls. Je ne pouvais plus m'arrêter de parler. J'avais le visage trempé, strié de longs sillons mouillés, et je sanglotais si fort qu'Indrani me demandait toujours de répéter. Je lui ai raconté comment l'on avait voulu me tuer, comment l'on voulait me punir alors que je ne voulais qu'une chose, aider les gens. J'étais bouleversée à l'idée que mes enfants avaient failli se retrouver orphelins. Peu à peu, je me suis calmée. Les larmes ont cessé de couler. J'étais épuisée. Ma crise m'avait un peu abrutie. Autour de moi, la pièce me semblait cotonneuse. Indrani m'a montré un endroit où dormir. Mon esprit était vide, mon corps endolori comme si on l'avait roué de coups. Je me suis allongée et j'ai fermé les yeux. Avant tout, dormir. Demain serait un autre jour. Je trouverais bien une solution.

6

Terre promise

J'étais saine et sauve. Mes enfants avaient toujours leur mère. Ils avaient même un toit, temporaire, certes, mais un toit tout de même. C'était l'essentiel. Il n'empêche : j'avais trente ans et je devais tout recommencer de zéro. À Rauli, mon mari et moi avions tout laissé : nos terres, nos meubles, ma vaisselle, pas moins de vingt-cinq sacs de blé et une bonne partie de mes vêtements. Quand j'avais quitté précipitamment ma maison, j'étais sous le choc. Ce contrat sur ma tête, c'était comme si mon village m'avait jetée dehors. Je ne voulais plus rien avoir à faire avec les habitants de Rauli. Je voulais oublier tout ce qui me rattachait à mon ancienne existence. Nous avons emmené l'un de nos trois buffles chez mes parents et donné les deux autres à mes filles aînées. La première, Prabhawati, avait quinze ans. Elle s'était mariée et vivait depuis peu à Hillee, un village éloigné de Rauli. Amravati, la seconde, s'était également mariée, à douze ans, selon les souhaits de mon beau-père. Mais elle était encore trop jeune pour vivre avec son mari.

J'avais perdu une belle-famille, j'allais désormais me

recentrer sur ma propre famille, trouver du travail, me faire d'autres amis, me construire un nouvel avenir. À mes côtés, j'avais donc Amravati, douze ans, Champa, sept ans, Kamta, mon fils de cinq ans, et Nisha, la petite dernière, qui avait à peine trois ans. Mon mari a fini par nous rejoindre à Badausa. Pendant quatre mois, nous avons vécu tous les cinq chez cette amie qui nous avait si généreusement recueillis le premier soir. Munni Lal acceptait la situation en silence. En abandonnant ses champs, il avait fait une croix sur l'agriculture et l'élevage de bétail. Jamais il n'avait connu d'autre vie. Dans cette ville de quarante-cinq mille habitants, il était un peu perdu. Ici, pas un champ à l'horizon, juste une grande route de goudron et des ruelles terreuses qui serpentaient entre des maisons minuscules et les tréteaux colorés des vendeurs de fruits, de légumes, de ferraillerie ou de paniers en osier. En dehors du soin des bêtes et du labourage de la terre, Munni Lal ne savait rien faire. Mais nous devions subvenir à nos besoins. Dans notre malheur, nous avons eu de la chance : grâce à mon travail, je connaissais beaucoup de monde. Bientôt, des tas de femmes et d'étudiantes de mes cours de couture, de Rauli et des villages alentour, sont venues prendre de mes nouvelles. À chacune de leurs visites, elles m'apportaient un petit quelque chose, des épices, un paquet de riz ou quelques légumes. Ces victuailles nous ont permis de parer à l'urgence. Malheureusement, c'était insuffisant.

Avec mes derniers déboires, j'avais fait la connaissance d'un policier de Badausa : sachant ma tête mise à prix, j'avais voulu prévenir quelqu'un, au cas où. Je suis devenue amie avec sa femme. C'est elle qui m'a donné l'idée d'un centre de formation de couture. Sur sa suggestion, je suis allée solliciter une à une toutes les autres femmes de la caserne des policiers. Je proposais une session de formation pour 300 roupies. En deux ou trois jours, j'ai récolté 4000 roupies. Avec la moitié de la somme, j'ai acheté deux machines à coudre. Le reste m'a permis d'emménager dans une petite maison que j'avais pu louer dans le centre-ville. C'est là que je recevais mes élèves l'après-midi, de 15 à 18 heures. Mes cours ont eu un succès inespéré. Toutes les femmes de policiers ont fini par s'inscrire et, bientôt, d'autres habitantes de Badausa sont venues frapper à ma porte. Je gagnais correctement ma vie désormais.

Munni Lal, lui, ne faisait rien. Inactif, il se morfondait dans la maison du matin au soir. Toute sa vie, il avait bêché, labouré, planté. Ici, il se sentait inutile. Nostalgique de son village, il revenait régulièrement à la charge pour me faire changer d'avis.

— Sampat, pourquoi ne retournerions-nous pas à Rauli ?

— Jamais, tu m'entends ? Il est hors de question que je remette les pieds dans ce village de traîtres.

— Mais le temps a passé, tout ça est oublié, non ?

— Pas pour moi. Si Rauli te manque tant, tu n'as qu'à y retourner pour cultiver tes champs.

Il ne répondait rien. Je le soupçonne d'avoir eu peur de perdre tout contrôle sur moi s'il me laissait seule à Badausa. Mais cette situation ne pouvait plus durer.

— Munni Lal, tu ne peux pas rester assis sans rien faire alors que moi, je travaille pour faire vivre cette famille.

— Que veux-tu que je fasse ? Je ne sais rien faire.

— Pourquoi ne vendrais-tu pas des légumes ? Tu pourrais te déplacer à vélo et faire du porte-à-porte.

— Je ne sais pas faire du vélo.

— Aucune importance, tu peux marcher à côté du vélo.

Munni Lal n'était pas très enthousiaste, mais je ne lui ai pas laissé le choix. J'ai investi 500 roupies dans l'achat d'un vélo. Un matin, je suis allée au marché où, pour 100 roupies, j'ai constitué un petit assortiment de concombres, de tomates et de mangues, de quoi remplir un panier que mon mari a ensuite fixé sur sa selle. Le soir même, il avait tout vendu pour 200 roupies. Encouragé, Munni Lal a pris son nouveau travail à cœur. Un jour, un voisin l'a interpellé sur la route en rigolant :

— Hé, Munni Lal ! pourquoi marches-tu à côté de ton vélo ?

— Je ne sais pas faire du vélo.

— Ce n'est pas si compliqué, tu sais. Veux-tu que je t'apprenne ?

Au bout de deux jours, Munni Lal se débrouillait tout seul : désormais, il pouvait parcourir des distances beaucoup plus grandes. Chaque jour, il rapportait entre 200 et 300 roupies. C'est à peu près ce que je gagnais de mon côté avec mes cours de couture. J'ai pensé qu'il était temps de nous acheter une maison à nous. J'ai entendu parler d'un homme à Badausa qui avait des terrains à vendre. Il n'a pas été difficile à contacter. Pour 400 roupies, il m'a vendu un lopin de terre au bord de la route. Avec quelques briques et un peu de boue, mon mari a érigé les fondations. C'était suffisant pour emménager. Il faisait chaud, nous avions bien le temps de construire le toit. Notre logis était sommaire, mais nous étions enfin chez nous. En tout cas, c'est ce que je croyais. Quelques jours plus tard, j'ai appris que l'homme qui m'avait vendu le terrain était un escroc. Le titre de propriété qu'il m'avait fourni était un faux : en réalité, il s'agissait d'un terrain appartenant au gouvernement. J'aurais pu entamer une bataille légale, mais, après tous les combats que j'avais dû mener à Rauli, je ne souhaitais pas commencer cette nouvelle vie par une autre confrontation. J'ai préféré vider les lieux. Mais je n'avais pas dit mon dernier mot.

Pour 3 000 roupies, j'ai acheté une espèce de cabane en bois sur pilotis, du genre de ces échoppes que l'on trouve un peu partout, au bord des routes. Avec mon mari, nous l'avons montée juste devant la maison que nous venions de quitter. Trois planches de bois recouvertes d'un bout de tôle : jamais nous n'avions habité dans une maison si rudimentaire ! La nuit, nous avions tout juste la place de nous allonger en nous serrant les uns contre les autres. La journée, je relevais la toile qui fermait la devanture et je vendais du thé et des noix de bétel aux passants. À l'arrière, j'ai étalé une grande bâche en plastique pour que mes enfants puissent jouer pendant que je tenais mon échoppe. Mais je ne pouvais pas me résigner à vivre dans une grosse boîte. En réalité, je lorgnais toujours sur ce lopin de terre qui m'avait appartenu pendant si peu de temps. Personne ne l'utilisait, c'était du gâchis. Après nous être concertés, Munni Lal et moi avons décidé de reprendre la construction là où nous l'avions arrêtée. Nous travaillions la nuit, pour rester discrets. Brique après brique, nous avons fini la cour, ajouté deux pièces, posé le toit et, pour finir, fermé le tout avec une vraie porte d'entrée. Nous avons déménagé toutes nos affaires à l'intérieur. Pour dégager l'entrée, nous avons déplacé la cahute en bois de quelques mètres, juste au bord de la route. Jusque-là, la cabane dissimulait l'avancement des travaux et, le lendemain, les voisins ont eu une sacrée surprise en découvrant notre logement tout neuf. Tout le monde est venu nous féliciter, impressionné par le résultat. Malheureusement, la chose n'a pas tardé à se savoir dans la ville. Le jour suivant, j'ai reçu la visite d'un homme, un musulman nommé Salim Lala.

— *Namaste*, ma sœur. Tu as là une bien belle maison.

— Merci.

— Tu l'as construite toute seule ?

— …

— Tu ne voudrais pas qu'il lui arrive malheur, n'est-ce pas ?

— Que veux-tu ?

— Un *lak* de roupies. En échange, je te laisserai vivre tranquille dans cette jolie maison.

— Pas de problème. Allons tout de suite au commissariat de police pour signer notre accord. Je te donnerai tes 100 000 roupies, et tu me remettras l'acte de propriété.

— Je crains que cela ne soit pas possible.

— Alors, dis-moi, pourquoi devrais-je te payer 100 000 roupies pour un terrain qui appartient au gouvernement ?

— Parce que j'ai des contacts. Je peux m'arranger pour que le gouvernement ne vienne pas fourrer son nez dans tes affaires.

— Je ne vois pas l'intérêt. Ce terrain, je veux l'acquérir de façon légale. Je n'ai pas besoin de ta protection.

— Très bien, mais je te déconseille de jouer à ce petit jeu avec moi. Tu pourrais le regretter. Réfléchis, je reviendrai te voir bientôt.

C'était du racket pur et simple. Un *lak* de roupies ! Et pourquoi pas dix ? Comme je l'ai appris plus tard, ce Salim Lala n'était autre que le beau-frère de l'homme qui m'avait escroquée en premier lieu. Je n'étais pas sa seule victime. Ma voisine d'en face, qui avait construit un petit hôtel, était, elle aussi, sommée de lui payer une somme astronomique. Il était hors de question que je lui verse une seule roupie. Chaque jour, Salim Lala venait me faire une petite visite de courtoisie : je l'ignorais souverainement. Ce voyou est devenu plus agressif. Il ne ratait pas une occasion de m'humilier, en déposant ses ordures devant chez moi par exemple. Il menaçait aussi régulièrement de nous faire du mal.

Une nuit, ma fille Champa s'est levée pour se soulager dans le champ. Elle est sortie par l'arrière de la maison, fermé par une grande bâche. Elle a vu la toile bouger et une silhouette sombre qui tentait de s'introduire à l'intérieur. Ma fille a hurlé : quelque temps auparavant, une femme était morte sur la route, écrasée par une voiture juste devant la maison. Depuis, mes enfants faisaient souvent des cauchemars. Cette nuit-là, ma fille a cru que le fantôme de la morte revenait hanter les lieux. L'intrus, surpris, a détalé. Dans l'obscurité, il a heurté de plein fouet la corde à linge et a plongé tête la première dans une fosse de boue, celle que nous avions creusée pour le chantier. Le raffut de Champa a réveillé tout le monde. Mon beau-fils, le mari de ma fille aînée, dormait chez nous ce soir-là. Il a accouru aussitôt, en même temps que deux ou trois voisins. Ensemble, ils ont agrippé les jambes du rôdeur et l'ont extirpé avec difficulté de la gadoue dans laquelle il était englué. Il en avait partout, dans les yeux, dans la gorge… Il pouvait à peine respirer. Après que nous l'avons aidé à se débarbouiller sommairement, je me suis assise en face de lui. L'homme était encore flageolant. Il avait failli mourir noyé et son visage était défait.

— Alors, monsieur l'intrus, si tu nous disais ce que tu étais en train de faire ?

— Je suis le frère de Salim Lala. C'est lui qui m'envoie. Il m'a chargé de vérifier si vous n'aviez pas volé des pierres.

— Volé des pierres ? C'est quoi cette histoire ? N'est-ce pas plutôt toi qui venais nous voler ? Avoue, tu essayais de terroriser mes enfants !

Les voisins m'ont pressée d'appeler la police. J'ai refusé. Les mafieux comme Salim Lala ont des relations partout, y compris dans la police. Je préférais régler le problème moi-même. L'homme est resté sous notre surveillance toute la nuit. Le matin, j'ai convoqué chez moi Salim Lala. En apprenant ce qui s'était passé, ce salaud s'est confondu en excuses. Nous aurions pu tuer son frère, cela serait passé pour de la légitime défense. Reconnaissant, Salim Lala a promis de nous laisser tranquilles. Après ça, il fallait absolument que je légalise ma situation. Je me suis rendue au service du cadastre de Banda, le chef-lieu du district, pour y déposer une demande en bonne et due forme. En Inde, il existe un décret qui stipule qu'un certain quota de terrains communaux doit être alloué aux plus modestes, sous condition de ressources. Il suffit de déposer un dossier. Ma candidature a été acceptée : enfin, j'étais propriétaire. Nous étions heureux alors. Munni Lal et moi gagnions correctement notre vie, nos deux filles aînées étaient mariées, les trois autres enfants allaient dans une école privée.

J'étais prête à affronter mes anciens adversaires. Pendant les trois années qui avaient suivi mon départ, je n'avais pas mis les pieds une seule fois à Rauli. Puis j'y étais retournée deux ou trois fois, pour rendre visite à mes amis chamar, mais sans jamais passer voir ma belle-famille. Un jour, ma belle-mère est morte. Sept années avaient passé depuis mon départ de Rauli. J'en voulais toujours à ma belle-famille, mais ce décès était très triste, je devais y retourner avec mon mari. Quand nous sommes arrivés à Rauli, personne ne m'a insultée. J'étais soulagée. Je me suis d'abord rendue à notre ancienne maison. À l'intérieur, il n'y avait plus rien. Il était tard, nous n'avions pas mangé, alors l'oncle de mon mari, gentiment, nous a fait envoyer un peu de riz et du *dal* de lentilles.

Le lendemain, j'ai appris que les Gadarias du village avaient puni mon oncle pour m'avoir fait porter de la nourriture. Son châtiment consistait à nourrir les singes, humiliation suprême ! J'ai commencé à rire comme une gamine, je ne pouvais plus m'arrêter. Quelle bande d'imbéciles ! Après toutes ces années, leur cerveau était resté aussi étriqué que celui d'un ouistiti... Bien décidée à ne pas me laisser impressionner par ces crétins, j'ai décidé de ne pas participer au grand repas traditionnel organisé par ma belle-famille, auquel étaient conviés tous les parents plus ou moins éloignés, ainsi que quelques brahmanes. J'ai préféré faire bande à part, en organisant mes propres rituels. Je n'ai sollicité aucun membre de ma communauté. En revanche, j'ai invité les Chamar et tous les pauvres du village, en leur demandant d'apporter leurs propres *puris*, car je n'avais que deux mains pour nourrir tout le monde. Tout le monde a été très choqué. Qu'importe ! J'avais fait passer le message : je n'étais pas près de m'incliner.

Quelques mois plus tard, j'ai marié ma fille Champa à un phytothérapeute. Plutôt que d'organiser la noce à Badausa, j'ai choisi Rauli. Je voulais leur montrer, à tous ceux de mon clan, que je pouvais parfaitement me passer d'eux, que le monde ne tournait pas autour des

Gadarias. J'ai convié la famille directe, mon beau-père et mes beaux-frères, mais je n'ai demandé à aucun autre Gadaria de venir. En revanche, toutes les femmes chamar étaient là, ainsi que mes amis et mes élèves en couture des villages alentour. Chacun a mis 20 roupies dans un panier en guise de cadeau de mariage. Champa était heureuse, et moi encore plus. En toute honnêteté, c'était une fête fantastique. Quand les invités sont partis, personne de mon clan n'a osé faire de commentaires en ma présence. Mais je suis sûre que, dès mon départ, ils ont lavé le sol que j'avais foulé ! Certains Gadarias sont allés se plaindre au père de mon nouveau beau-fils, lequel leur a répondu que cette querelle ne le concernait pas et que, de toute façon, il n'avait pas eu son mot à dire. J'étais satisfaite. Je reconnais que je les avais provoqués, mais parfois, un peu de provocation est nécessaire pour faire bouger les mentalités. L'avenir allait me donner raison.

Un après-midi, j'ai vu débarquer chez moi, à Badausa, un adolescent en sueur et soufflant comme un bœuf. Il venait de Rauli et avait tellement couru en descendant du bus qu'il arrivait à peine à parler.

— Sampatji, il faut que tu viennes tout de suite à Rauli. Des brahmanes s'apprêtent à tabasser l'un de tes cousins.

— Calme-toi. Raconte-moi toute l'histoire.

— Un brahmane a exproprié ton cousin de son champ. Il s'est même arrangé pour le mettre à son nom. Ton cousin a voulu récupérer son champ par la force, mais le brahmane est venu avec la police pour le chasser. Il avait l'acte de propriété et ton cousin n'a rien pu faire. Maintenant, les brahmanes veulent lui faire passer l'envie de recommencer à les embêter.

— Et alors, que veux-tu que j'y fasse ?

— Tu connais bien tous ces problèmes. Tu sais comment faire avec ces riches propriétaires qui se croient tout permis. Quelles que soient tes relations avec ta famille, tu ne peux pas abandonner ton cousin. Ils vont finir par le tuer !

— Hum… Bon, c'est d'accord, j'arrive.

Le fait qu'un membre de mon clan se retrouve en si mauvaise posture ne m'affectait pas le moins du monde. Mais c'était plus fort que moi. Je ne pouvais pas supporter l'injustice. Et puis je n'ai pas pu résister à la perspective de donner une nouvelle leçon à ces espèces de tyrans. C'était aussi une occasion unique de rabattre le caquet de mes détracteurs les plus virulents. J'ai donc suivi le garçon jusqu'à Rauli. Quand il m'a aperçue, mon cousin s'est précipité vers moi en se confondant en remerciements. Les brahmanes n'étaient manifestement pas encore arrivés. À propos de son comportement passé, mon cousin a bafouillé de pauvres excuses auxquelles j'ai coupé court. Humblement, il m'a emboîté le pas jusqu'au poste de police, où nous avons porté plainte. Le lendemain, nous sommes allés voir le sous-magistrat du district afin de dénoncer le faux titre de propriété. Mon cousin avait le document authentique en sa possession, il n'a pas été difficile de prouver nos accusations et tout a fini par rentrer dans l'ordre.

À Rauli, cet incident a signé mon retour en grâce au sein de mon clan. Je suis revenue plus régulièrement. Mais j'avais surtout gardé des contacts étroits avec la communauté chamar. Celle-ci a réussi à faire réélire un de ses membres au poste de *pradhan*. Un jour, celui-ci est venu me consulter.

— Sampatji, y a-t-il quelque chose que je pourrais faire maintenant que j'ai été élu *pradhan* ?

— Bien sûr, tu pourrais, par exemple, répertorier

toutes les terres communales de Rauli et convoquer une *gram sabha* pour obtenir qu'elles soient redistribuées à tous les habitants qui n'ont pas de terre.

— Sampatji, je ne peux pas faire ça, j'ai bien trop peur !

— Mais si, allons ! Ensemble, nous pouvons y arriver.

Il est vrai que la tâche n'était pas aisée. En Inde, depuis 1976, il existe une loi stipulant qu'un propriétaire peut posséder des terres dans la limite d'un certain plafond. Au-delà, les terrains en trop sont saisis par le gouvernement et doivent être redistribués aux plus pauvres, sous condition de ressources. Dans la pratique, c'est une autre affaire. Le plus souvent, les riches propriétaires monnaient quelques faveurs avec les agents de l'administration pour que la terre leur soit réattribuée. Afin que leur nom n'apparaisse pas dans les registres officiels, ils mettent la terre au nom de leur buffle, ou même de leur chien ! Et si un fonctionnaire refuse de se laisser acheter, ils exploitent la terre communale par la force, disposant de leur petite armée personnelle pour tenir les pauvres à distance. Les riches propriétaires de Rauli ne faisaient pas exception à la règle. Les pauvres n'avaient jamais pu avoir accès à l'une de ces parcelles communales. Il était temps de dénoncer ce scandale. Une fois qu'on aurait récupéré ces terres, on pourrait convoquer une *gram sabha*, l'assemblée populaire du village qui permettait, deux fois par an, de valider les plans de développement du village et avait le pouvoir d'attribuer les terres communales aux plus pauvres.

Encore une fois, c'est avec les femmes des plus basses castes que je me suis lancée dans l'aventure. Elles étaient particulièrement vulnérables, à cause de leur condition sociale, mais aussi de leur sexe : en cas de divorce ou de décès du mari, les femmes n'ont droit à rien. Tous les biens sont généralement au nom de la famille du mari. Notre première visite a été pour le responsable du cadastre du district, auprès de qui nous avons dénoncé la pratique consistant à mettre une terre au nom de son buffle. Naturellement, il nous a opposé une fin de non-recevoir : il était corrompu, comme les autres.

L'étape suivante a consisté à rédiger, à l'attention du magistrat du district, le chef de l'administration civile, une pétition signée de toutes les femmes de basse caste étant en droit, ou dont le mari l'était, d'avoir une terre. Cette pétition, nous avions prévu de la remettre à son destinataire en main propre. Nous avons donc emprunté un tracteur, auquel nous avons accroché une charrue, et avons toutes grimpé dessus. Devant le bureau de l'administration civile, notre étrange attelage ne passait pas inaperçu. Le magistrat m'a reçue, visiblement très agacé de me trouver là.

— Pourquoi venez-vous me déranger ?

— Nous vous avons apporté une pétition.

— Que dit-elle ?

— Que les terres destinées aux plus pauvres sont détournées par les plus riches. Il faut mettre fin à cette escroquerie et ouvrir une enquête.

— Adressez-vous au sous-magistrat de votre *block*[1].

— Nous l'avons fait. Il a refusé de nous écouter.

— Je n'y suis pour rien.

— Vous êtes son supérieur, vous devez faire quelque chose.

— Très bien, je vais l'appeler.

1. Groupement de plusieurs villages.

— Non, nous voulons que vous régliez ça tout de suite.

— Bon, je vais demander sa mutation.

— Sa mutation ? Pourquoi ? Ce fonctionnaire n'est qu'un sous-fifre qui n'a fait qu'obéir aux ordres. C'est vous le responsable.

— Attention à ce que vous dites !

— Je sais très bien ce que je dis. *Haram khor !*

En entendant l'insulte, le magistrat a blêmi. Un *haram khor*, c'est une ordure, quelqu'un qui mange sur le dos des gens. Il a explosé :

— Répétez un peu ce que vous venez de dire ?

— *Haram khor !* Vous voulez que quelqu'un d'autre paie à votre place. Ce n'est pas digne d'un haut fonctionnaire.

— C'est donc bien moi que vous appelez comme ça ? ! Vous avez de la chance d'être une femme, sinon…

Et voilà, c'était toujours la même chose. Même quand une femme profère une énorme insulte, on ne la prend pas au sérieux.

— Eh bien quoi, sinon ? Et si je commets quatre meurtres sous vos yeux, vous ne m'arrêterez pas non plus, sous prétexte que je suis une femme ?

— Ça suffit maintenant !

— Dites-moi une chose, vous êtes bien un agent public ? Vous avez passé le concours, n'est-ce pas ?

— Bien sûr, qu'est-ce que vous croyez ?

— Et l'on vous paie pour faire votre travail ?

— Où voulez-vous en venir à la fin ?

— Si l'on vous paie pour ce travail, faites-le !

Nous sommes reparties avec l'assurance qu'il ouvrirait une enquête. Et il l'a fait ! Les journaux locaux ont suivi l'affaire de très près. C'est de cette façon qu'elle est parvenue aux oreilles de Mayawati. En 1995,

Kumari Mayawati, élue ministre en chef de l'Uttar Pradesh, avait été la première intouchable dans l'histoire de l'Inde à accéder à ce poste. Son gouvernement n'avait tenu que quatre mois mais, depuis, c'était une figure qui montait sur la scène politique. En 2001, elle était l'un des leaders du BSP et se battait pour l'amélioration des conditions de vie des basses castes. Officiellement, elle nous a apporté son soutien, mais cela ne suffisait pas. Aussi, quand elle a été réélue, l'année suivante, ministre en chef de l'Uttar Pradesh, j'ai sauté sur l'occasion. L'enquête menée par les services administratifs du district n'avait toujours pas abouti. Il était temps d'aller plaider notre cause dans la capitale pour accélérer les choses. Avec une centaine de femmes, nous avons pris le train jusqu'à Lucknow. De la gare, nous avons marché jusqu'à l'Assemblée législative, où j'ai demandé un rendez-vous avec Mayawati. En dépit de ses débuts prometteurs, elle n'était pas encore devenue la star qu'elle est aujourd'hui et, par conséquent, restait encore accessible pour les gens comme moi qui voulaient s'entretenir avec elle. Surtout, cette femme, une Chamar elle aussi, qui se disait un fervent défenseur des basses castes et qui avait salué notre combat quelque temps auparavant, se montrerait forcément sensible à ma requête. Après tout, c'était pour elle l'occasion idéale de prouver son engagement. En attendant sa réponse, nous nous sommes assises devant l'Assemblée, déterminées à ne pas bouger de là tant que l'on ne nous aurait pas écoutées. Notre sit-in a produit l'effet escompté : quelques quotidiens locaux ont couvert l'événement. Au bout de deux jours, Mayawati a accepté de nous recevoir. Mieux, elle nous a entendues. Son appui a considérablement fait bouger les choses. L'ensemble des terres communales de Rauli a dû être restitué par Pulmati le buffle, Ramashley le chien et tous ces animaux devenus propriétaires à leur insu. Dans la foulée, le *pradhan* a convoqué la *gram sabha*, à l'issue de laquelle soixante-trois Chamar se sont vu allouer un lopin de terre. C'était considérable.

Oui, mais voilà : pour que les Chamar puissent prendre possession de leurs parcelles, il fallait d'abord que les anciens propriétaires acceptent de vider les lieux. Et ces derniers n'avaient visiblement pas l'intention de plier bagage. Concrètement, les Zamindar, une caste de puissants propriétaires terriens, occupaient toujours les sols dont ils avaient été expropriés. Ils avaient les moyens de se payer une milice privée chargée de tenir à distance les Chamar qui s'avisaient de venir réclamer leurs biens. Avec leurs épouses, nous sommes retournées voir le magistrat.

— Encore vous ? La dernière fois, vous avez eu ce que vous vouliez, non ?

— Pas tout à fait. Les Chamar sont propriétaires de terrains, mais ils n'y ont pas accès. Vous devez aider ces pauvres fermiers à récupérer leurs terres.

— Je n'y suis pour rien. C'est au chef de la *gram sabha* de faire appliquer les décisions prises lors du conseil. S'il a failli, demandez-lui de démissionner.

— Vous savez très bien qu'il n'y peut rien ! C'est à la police de venir déloger les Zamindar qui occupent les sols.

— Nous verrons, nous verrons.

Et voilà, encore une fois, nous allions devoir montrer l'exemple. Avec les femmes chamar, nous avons refait un sit-in, mais dans un champ occupé illégalement cette fois. Quand un agriculteur venait pour labourer, nous nous asseyions devant sa charrue. Les gros bras à la solde des Zamindar n'osaient rien faire contre nous.

Une à une, nous avons également chassé les vaches qui continuaient de brouter sur les terres des Chamar. Mais, à ce rythme, il nous aurait fallu une année entière pour venir à bout de tous les terrains occupés ! Heureusement, au bout de plusieurs jours, la police a enfin consenti à intervenir. Grâce à son aide musclée, les soixante-trois parcelles ont enfin été nettoyées de leurs intrus. Les riches exploitants ont baissé les bras, nous avions gagné.

[illegible]

[illegible]

[illegible]

[illegible] le genre. La chapelle de Dublin a celle [illegible]

7

Behen chod! Nique ta sœur !

J'avais plus de quarante ans. Des fonctionnaires machos, des maris tyranniques, j'en avais rencontré beaucoup. Mais un homme, à la différence des autres, continuait de m'obséder. Cet homme, c'était Seo Pal, mon beau-frère, et cela faisait vingt-cinq ans que je rêvais de le réduire en bouillie.

Dukhli, sa femme, avait dix ans de moins que lui. Nous avions pratiquement le même âge. Quand elle était venue vivre avec nous à Rauli, elle était un peu perdue, comme moi à mon arrivée. Tout naturellement, je l'avais prise sous mon aile et nous étions devenues des amies très proches. Seo Pal, le frère cadet de mon mari, était un homme irritable. Or il arrivait que Dukhli commette des erreurs au cours de ses corvées domestiques. La plupart du temps, il s'agissait de simples vétilles : un *chapati* trop cuit, de l'eau renversée sur le sol ou un *tchaï* qui n'arrivait pas assez vite. Mais cela suffisait parfois à mettre Seo Pal hors de lui. Il abreuvait sa femme d'injures. Au passage, il la bourrait de coups de pied. Parfois, il se munissait d'un bâton pour la battre. La chambre de Dukhli était collée à la mienne.

Je ne compte plus les soirs où je l'ai entendue sangloter à travers la paroi. Ces accès de violence me faisaient bouillir de rage. J'en ai tellement voulu à Seo Pal… En serrant les poings, je rêvais de lui rendre la pareille. Tant de fois, je m'étais imaginée faire justice moi-même. Tant de fois, je m'étais vue agripper cette ordure par les cheveux, le tirer derrière moi jusqu'à un mur et lui écraser la tête contre les pierres, encore et encore ! Jamais je ne suis passée à l'acte. À l'époque, j'avais supplié mon mari d'intervenir auprès de son frère, mais celui-ci m'avait rabrouée : cette histoire ne nous concernait pas et j'avais l'interdiction formelle de m'en mêler. J'avais obéi. Je n'avais pas le choix. Dans mon pays, l'époux est le maître.

Je n'ai jamais oublié Dukhli. Est-ce à cause d'elle que j'ai pris fait et cause pour la condition des femmes ? Pas seulement, mais le souvenir des brutalités qu'elle avait subies m'a donné la rage de me battre pour faire changer les choses. À Rauli, je croyais le cas de Dukhli isolé. En grandissant, j'ai été témoin de plus en plus de scènes de torture conjugales. Progressivement, je me suis rendu compte à quel point nous sommes démunies devant la violence des hommes, à quel point la société nous a ôté le simple droit à la dignité.

Prenez les *galies*, les insultes. Pourquoi faut-il toujours mettre les femmes en cause ? *Behen chod ?* Nique ta sœur ! *Mather chod ?* Nique ta mère ! *Biti chod ?* Nique ta fille ! Prenez n'importe quel gros mot, il se décline toujours au féminin. L'autre jour, on m'a demandé d'arbitrer un conflit entre deux frères qui s'écharpaient parce que la chèvre de l'un était allée brouter dans le champ de l'autre. La dispute a dégénéré. L'un d'eux a traité l'autre de « *Behen chod* » ! Qu'est-ce que sa sœur avait à voir avec sa chèvre ? Le second a répondu « *Mather chod* ». Eh bien quoi ? Ces deux fous n'avaient-ils pas la même mère ? Jamais il ne leur est venu à l'esprit qu'ils insultaient leur propre sœur, leur propre mère, celle-là même qui les avait mis au monde. C'est absurde !

Ce genre de réaction en dit long sur la place de la femme dans la société. En côtoyant les femmes chamar, mais aussi celles de ma communauté, les élèves de mes cours de couture, les femmes de policiers, j'ai eu l'occasion de réfléchir en profondeur à la question. En théorie, les femmes sont les égales des hommes. Nous sommes dans un pays libre, avec des lois modernes, la Constitution leur accorde les mêmes droits. Ces dernières années, le gouvernement nous a bombardées de slogans réaffirmant le droit des femmes à l'éducation, aux choix professionnels, au divorce. Mais les lois qui sont censées les protéger sont inapplicables. Dans les faits, dès qu'une femme essaie de sortir du carcan qu'on lui a imposé, dès qu'elle tente de franchir des barrières, on remet en cause sa personnalité, on s'attaque à sa réputation, on la catalogue comme fille perdue. À la campagne, si une femme décide de ne plus se couvrir la tête avec son sari, si elle adresse la parole à des hommes autres que son mari, elle est taxée d'indécence. Si une femme tombe amoureuse, c'est sa faute. Si elle décide de vivre avec le partenaire qu'elle a choisi, on dit qu'elle s'est enfuie de chez elle. Si sa famille la retrouve, elle se fait tuer. Son partenaire, lui, ne risque rien : même si c'est un homme marié, on ne dira jamais qu'il s'est enfui de chez lui ! Si une femme décide alors de revenir chez elle, ses parents la jetteront dehors. L'homme, lui, sera simplement sermonné, puis félicité pour avoir retrouvé le chemin de la raison. Pire : si une femme se fait violer, c'est qu'elle l'a cherché. Les policiers refuseront d'enregistrer sa plainte. Si elle se fait violer par un homme marié, c'est elle la coupable : les sanctions sociales n'ont rien à voir avec les sanctions légales.

Regardez comment ça se passe chez les brahmanes, qui se prétendent tellement sages et tellement érudits. Si une femme se retrouve veuve à dix-huit ans, même si elle vient juste de se marier, elle ne pourra jamais se remarier. La loi l'y autorise, mais pas sa caste. Toute sa vie, elle sera considérée comme une veuve. Si son père décide de la remarier malgré tout, il sera mis au ban de la société, plus personne ne voudra boire l'eau qu'il servira à ses hôtes. Dans le cas où c'est l'épouse qui disparaît prématurément, le mari se remarie aussitôt. Au sein de ma propre communauté, les veuves qui se remariaient étaient appelées *udries*. *Udrie*, cela signifie que l'on est différent. Et différent, cela veut dire moins bien. Une *udrie* ne peut pas pratiquer les rituels religieux, par exemple. Chaque fois que j'entends ce mot, je reprends celle qui l'a prononcé :

— Toi qui es une femme, comment peux-tu en qualifier une autre de *udrie* ? Tu peux dire « remariée » à la rigueur, mais pourquoi *udrie* ? Si ton mari mourait et que tu devenais une *udrie*, trouverais-tu juste qu'on te mette à l'écart ? Te sentirais-tu si différente de ce que tu es aujourd'hui ?

Certes, les choses ont commencé à changer. La preuve : mon oncle paternel a épousé une très jeune veuve et cela n'a pas posé de problème. Mais le remariage d'une femme reste encore trop rare. Il faut combattre ces pratiques d'un autre âge. Tous les meetings auxquels j'ai assisté m'ont stimulée. Que ce soit pendant mes cours de couture ou dans n'importe quelle réunion d'information, j'ai toujours saisi la moindre occasion pour soulever la question.

À l'époque, j'intervenais beaucoup chez les Kol, une tribu aussi méprisée que celle des Chamar. Il y en avait quelques-uns à Rauli. D'autres communautés plus importantes étaient disséminées dans les villages alentour. Ces gens-là sont des nomades à l'origine. Ils sont arrivés dans l'Uttar Pradesh il y a plusieurs centaines d'années, pour casser des pierres, en contrat local. Depuis, ils se sont sédentarisés, mais continuent de casser du caillou. Ils n'ont rien, pas le plus petit bout de terre, et mangent à peine à leur faim. Un jour, ils sont venus me solliciter suite à la redistribution des terres que j'avais obtenue pour les Chamar de Rauli. Sous prétexte qu'ils n'étaient dans la région que depuis quelques siècles, le gouvernement leur refusait le statut de « résident local », statut qui leur aurait permis de prétendre à la distribution de terres prévue par la loi pour les plus démunis. Je me suis battue à leurs côtés, en manifestant avec eux devant les bureaux de l'administration. Comme à Rauli, j'ai obtenu qu'on leur attribue des terres. Ils étaient très reconnaissants. Je les ai aussi encouragés à faire grève pour obtenir un salaire un peu plus décent. Pendant dix jours, ils ont occupé leur usine, sans lever le petit doigt. Et ça a marché ! Ils n'en revenaient pas. Ils m'étaient très reconnaissants, surtout les femmes, auprès desquelles je me suis particulièrement impliquée. Mais il y avait encore tant à faire.

À cette période, créer une ONG était à la mode. En 2003, j'ai constitué ma première organisation officielle : l'organisation pour la promotion des femmes des tribus dans l'industrie rurale. Ce n'était pas une véritable ONG, dans le sens où personne ne m'avait donné des fonds pour financer mon activité. Mais cela revenait au même. J'organisais des réunions avec les femmes kol, pour les informer de leurs droits, au travail ou à la maison. Il existe en Inde tout un système d'aides et de subventions pour les pauvres, mais dans les villages, ceux-ci l'ignorent et ne déposent donc aucune demande. Je les sensibilisais aussi aux problèmes d'hygiène et d'environnement, en insistant sur la nécessité d'économiser l'eau, en construisant des citernes. Surtout, nous parlions beaucoup de l'égalité des femmes et des hommes, des pièges du mariage. Les femmes acceptent sans sourciller que tous les biens du ménage soient au nom de leur époux, alors que, légalement, elles ont droit à la moitié. Si elles se font répudier ou si leur mari meurt, elles se retrouvent sans rien, condamnées à vivre de la charité. La plupart ne savent pas qu'elles ont droit à une part d'héritage de leurs beaux-parents, encore moins qu'elles ont le droit de divorcer, elles aussi. Je les persuadais qu'elles devaient s'affirmer, qu'il était important, par exemple, d'insister à l'école pour que le nom de la mère soit inscrit sur la fiche de l'enfant. Symboliquement, c'est très important !

Au centre de nos discussions, il y avait aussi le sexe. Ma première nuit de noces m'avait convaincue qu'il fallait parler de ces choses avant le mariage. Aucune de ces femmes n'était allée à l'école, aucune ne connaissait les risques liés aux rapports sexuels, aux grossesses à répétition. Le corps était quelque chose de tabou. Je répétais aux mères que les adolescentes n'étaient pas assez préparées à ce qui les attendait, qu'il fallait les prévenir qu'un jour elles perdraient du sang. Je leur ai raconté ce qui m'était arrivé. Je leur ai tout dit : le corps prépubère, l'hémorragie, l'accouchement au forceps. Sans cette nuit traumatisante, j'aurais peut-être pu connaître le désir. J'étais sûre qu'avec un minimum d'initiation préalable, il était possible de trouver du plaisir dans l'intimité. Moi, je suis passée à côté. Au début, j'étais trop jeune, ensuite, mon corps était usé. J'ai eu cinq enfants, je pourrais encore en avoir, mais je ne veux plus. Alors, j'ai fait une croix sur les rapports sexuels, pour me concentrer sur mon travail… J'informais également les femmes kol des dispositifs mis en place par le gouvernement tels que la distribution gratuite de préservatifs et de pilules contraceptives dans les centres de planning familial. Aujourd'hui, nous vivons dans un monde plus ouvert, les filles entendent parler de ces choses-là beaucoup plus tôt. Avant, l'information ne circulait pas aussi facilement. Ces femmes ne savaient rien du tout ! J'utilisais même une poupée de plastique aux cheveux violets pour faire des petites démonstrations, montrer comment on s'occupait d'un bébé par exemple.

Je leur faisais également prendre conscience de l'exploitation des femmes, de leur besoin de s'émanciper et de s'assumer financièrement pour gagner leur indépendance. Jamais une femme kol n'aurait eu l'idée de porter plainte contre son mari violent, ni d'ouvrir un compte à son nom. Je n'amenais pas de projet particulier, je n'avais pas d'argent à leur prêter. Je me contentais de leur donner des idées, en les encourageant à se regrouper pour les mettre en œuvre, à constituer une petite caisse commune pour qu'elles puissent se prêter de l'argent entre elles. Les unes se cotisaient pour acheter une vache, dont elles vendaient ensuite le lait. Les autres, c'étaient des légumes, ou une machine à coudre. Mon but était de leur rentrer dans le crâne qu'elles ne devaient pas attendre l'aide du gouvernement, qu'elles pouvaient s'en sortir toutes seules.

Lors de ces réunions, il m'arrivait d'emmener avec moi mes deux filles cadettes. Déjà, je les faisais participer à mes cours de couture. Tous mes enfants, ainsi que mon mari, savaient coudre. Je leur rabâchais toujours les mêmes mots :

— Pas d'activités frivoles, pas de ragots inutiles. Le travail, rien que le travail !

Quand mes filles ont grandi, il m'a semblé important qu'elles puissent bénéficier de l'expérience des autres femmes. Je les ai souvent réunies avec des gamines de leur âge pour parler de la santé, de l'hygiène ou des règles. Munni Lal et moi n'avons pas été comme nos parents. Peut-être parce que nous vivions seuls, sans ma belle-famille, nous n'avons jamais bridé nos sentiments. Nous avons témoigné beaucoup d'affection à nos enfants et toujours encouragé la communication. Je leur avais raconté ce qui m'était arrivé lors de mes premiers rapports sexuels. Pour le reste, je me suis arrangée pour qu'elles sachent ce qu'elles devaient savoir. Quand je parlais du désir, je préférais utiliser des paraboles : je ne voulais pas les gêner en évoquant des sujets trop intimes. Mais leur génération est bien plus au courant que nous ne l'étions au même âge. Les jeunes parlent de ces sujets en classe avec leurs copines.

L'éducation est un enjeu majeur pour les femmes, c'est la seule façon pour elles de s'ouvrir au monde. Apprendre à lire et à écrire est essentiel. Avec les femmes kol, c'était un de mes sujets de prédilection. Si elle est incapable de remplir un formulaire, une femme ne peut faire aucune demande officielle d'aide, ne peut pas prétendre à l'octroi d'une terre, ne peut pas vérifier ce que les fonctionnaires véreux inscrivent sur sa carte de rationnement alimentaire. On peut lui faire signer n'importe quoi, elle n'a aucun moyen de se défendre.

J'ai envoyé tous mes enfants à l'école. À l'époque, seuls Kamta et Nisha, mes deux derniers, étaient encore scolarisés. Les trois premières ont arrêté l'école en quatrième, quand elles se sont mariées, à l'âge de quinze ans. Prabhawati, la plus grande, a épousé un agriculteur. À Hillee, le petit village où elle habite, elle est assistante dans une garderie. Amravati, la deuxième, vit avec un travailleur migrant, qui part pendant de longs mois aux quatre coins du pays. Quant à Champa, elle a épousé un docteur. Il n'a pas fait d'études de médecine, mais il a été assistant dans un cabinet, avant d'ouvrir son propre cabinet de consultation à la campagne. Quand Champa est venue vivre avec lui, il n'a pas souhaité qu'elle continue d'aller à l'école. Il ne voyait pas l'intérêt. Si j'avais pu en décider, je ne les aurais pas mariées si tôt. Mais ma belle-famille faisait peser sur moi une forte pression : j'ai cédé. En Inde, l'âge légal pour se marier a beau être dix-huit ans, personne ne respecte la loi. Aujourd'hui, dès que j'entends parler d'une fille que l'on va marier trop jeune, j'interviens et, si les parents ne veulent pas entendre raison, je les dénonce à la police. Il est plus facile de réformer le monde que sa propre famille.

[illegible] Lorsque je faisais appel aux propres principes

8

Jay Prakash

Nous nous sommes rencontrés à la banque. C'était en 2004. J'accompagnais un groupe de femmes kol qui voulaient ouvrir un compte. Dans la file d'attente, il y avait un homme, lui aussi accompagné d'un groupe de femmes. C'est lui qui est venu m'aborder.

— *Namaste*. Je m'appelle Jay Prakash et je suis travailleur social. Toi aussi tu t'occupes de groupes d'entraide ?

— Non.

On m'avait déjà parlé de ce Jay Prakash. Il travaillait pour le compte d'une ONG qui montait des *self-help groups*. Ces groupes d'entraide commençaient à se répandre un peu partout dans les villages. Le principe consistait à rassembler plusieurs personnes, souvent des femmes pauvres, afin qu'elles puissent mettre leurs économies en commun, créer leur activité et accéder à un prêt bancaire pour la lancer. Le gouvernement, dans le cadre de la loi pour l'emploi, encourageait ce type de microcrédit en cautionnant le prêt à hauteur d'une certaine somme, et en offrant une prime pour chaque groupe créé. Ce que je faisais avec mes propres groupes revenait un peu au même, à ceci près que mes femmes n'empruntaient pas d'argent et que moi-même je ne touchais aucun salaire : dès que leur business démarrait et qu'elles faisaient un bénéfice, elles me reversaient un petit pourcentage. On m'avait dit de me méfier de cet homme, dont l'organisation prenait de l'ampleur et n'allait pas tarder à marcher sur mes plates-bandes ! Pas découragé par ma réponse, Jay Prakash a poursuivi :

— Mais qui sont ces femmes qui sont avec toi ?

— C'est un groupe de femmes avec lequel je travaille. Elles veulent ouvrir un compte avec leurs économies.

— Combien ?

— Quarante mille roupies.

— C'est une très grosse somme ! Tu sais qu'elles pourraient obtenir un prêt bancaire avec autant d'argent ?

— Pour l'instant, elles n'en ont pas besoin. Elles vendent des légumes. Cela demande peu d'investissement.

— Et tu en as plusieurs, des groupes de ce type ?

— Quelques-uns.

— Formidable ! Je cherche des profils comme le tien. J'ai besoin de personnes motivées pour m'aider à monter des *self-help groups*. Voudrais-tu travailler pour moi ?

— Je ne sais pas, je vais y réfléchir.

Nous sommes repartis chacun de notre côté. J'étais très flattée de l'intérêt de Jay Prakash, mais je voulais d'abord savoir où je mettais les pieds. Je ne l'avais pas attendu pour monter des groupes et je ne voyais pas vraiment ce que m'apporterait cette collaboration. Une semaine plus tard, je l'ai croisé sur la route. Il était à vélo. Quand il m'a aperçue, il s'est arrêté à ma hauteur avec un large sourire.

— *Namaste*. Où vas-tu ? Je peux te déposer quelque part ?

— Je me rends justement dans un village pour y voir l'un de mes groupes.

— Ah, très bien ! Tu sais que j'ai parlé au banquier la dernière fois. Il m'a dit que tu étais une travailleuse très efficace et que tes groupes ramenaient pas mal d'argent.

— C'est vrai, ça marche assez bien.

— As-tu réfléchi à ma proposition ? Tu sais, tu n'as pas grand-chose à perdre. Tu ferais le même travail qu'aujourd'hui, à la différence qu'il serait rémunéré : 500 roupies pour chaque nouveau groupe constitué. Qu'est-ce que tu en dis ?

Pourquoi pas ?

Il avait raison, je n'avais rien à perdre. Avec son appui, j'arriverais même à monter davantage de groupes. Et si cela me permettait en plus de gagner ma vie, je pourrais y consacrer davantage de temps. C'est ainsi que notre collaboration a commencé. Jay Prakash avait son bureau à Atarra, une toute petite ville située à dix kilomètres de Badausa. Il me donnait une liste de noms de femmes que je devais contacter dans divers villages. Je devais ensuite les convaincre de se regrouper pour créer leur activité. Une fois qu'elles avaient trouvé ce qu'elles allaient faire, elles mettaient leurs économies dans un pot commun, afin de pouvoir aider l'une d'entre elles en cas d'urgence. Je les aidais ensuite à peaufiner leur projet : la vente de légumes au porte-à-porte, la confection de jupons à domicile, la fabrication de teintures à base de feuilles de pan, l'artisanat de l'osier ou de l'argile… Quand le groupe arrivait à maturation, qu'il était solidement structuré, nous faisions la demande de prêt bancaire, jusqu'à 10 000 roupies, pour l'achat d'un vélo, d'une machine à coudre, d'une vache, de blocs d'argile ou de stocks de bambou... Très vite, mon nouveau partenaire s'est rendu compte de mon efficacité. Le matin, il me donnait une liste de noms de femmes. Le soir, quand je le rejoignais à son bureau, je les avais toutes contactées.

— J'ai encore créé cinq groupes aujourd'hui !

— Encore ? Mais comment fais-tu ?

— J'ai l'habitude, tu sais. C'est facile, elles me font confiance.

— C'est incroyable. Bon, eh bien voici d'autres noms !

Constituer des groupes n'était pas tout. Encore fallait-il les voir aboutir et les maintenir en vie. Recenser des *self-help groups*, c'est comme essayer de compter des grenouilles : au moment où on en a trois de plus, il y en a deux qui s'échappent en sautant ! Une fois que j'avais convaincu les femmes de se regrouper, je leur rendais visite le plus souvent possible pour les motiver, vérifier l'avancement de leur projet et les aider à résoudre leurs problèmes. Jay Prakash et moi étions très complémentaires. Moi, j'avais le sens du contact et je connaissais parfaitement le terrain. En tant que femme, j'approchais plus facilement d'autres femmes. Mais j'avais du mal à lire. C'est à ce moment que j'ai commencé à avoir de sérieux problèmes de vue : les travaux de couture m'avaient usé les yeux, je ne voyais plus grand-chose et portais d'épaisses lunettes. Babuji, c'est ainsi que je l'appelle, se chargeait donc de toute la paperasserie. Il avait eu la chance d'aller à l'école beaucoup plus longtemps que moi et maîtrisait parfaitement les documents officiels. En toute franchise, nous formions un tandem de choc. En quelques mois, nous avons créé des centaines de groupes de femmes dans une flopée de villages du district de Banda.

Le problème, c'est que l'argent ne rentrait pas dans les caisses de l'organisation : ce n'est qu'avec l'attestation bancaire que Jay Prakash devait obtenir la prime du gouvernement : 2000 roupies par *self-help group* créé. Or la plupart d'entre eux, encore en phase de consolidation, tardaient à demander un prêt bancaire. Grisé par le nombre toujours croissant de groupes créés, Jay Prakash avait un peu oublié qu'il fallait faire aboutir le projet. Je l'avais pourtant prévenu ! En outre, une fois la demande de prêt déposée, le gouvernement mettait parfois plusieurs mois avant de verser l'argent. Moi-même, depuis l'avance de 500 roupies que j'avais reçue en commençant mon travail, je n'avais plus rien perçu. Nous étions devenus partenaires à part égale au sein de son organisation. Nous étions donc convenus qu'il me paierait seulement quand le gouvernement lui aurait versé ses primes. Mais il avait recruté deux autres femmes avant moi, Pushna et Lalsha. Depuis le début, il leur versait un salaire, sans attendre de toucher les primes de l'État. Résultat, il les payait de sa poche. À court d'argent, il a fini par vendre les bijoux de sa femme. Elle vivait avec ses enfants à Fatehpur, une ville située à une soixantaine de kilomètres au nord d'Atarra. Babuji étant la plupart du temps sur les routes pour son travail, il ne les voyait pas souvent. Mais, dès qu'il le pouvait, il retournait passer quelques jours chez lui. Assistante dans un service public, sa femme ne gagnait pas un gros salaire et quand Babuji s'était retrouvé sans une roupie en poche, elle n'avait pas eu d'autre solution que lui donner ses colliers et ses bracelets en or.

Le pire, c'est que Pushna et Lalsha étaient des

voleuses. Jay Prakash l'a découvert quand il est allé à la banque déposer les demandes de prêt au nom des groupes qu'elles avaient créés : Pushna et Lalsha travaillaient en parallèle pour une autre ONG et enregistraient tous leurs groupes deux fois. Pour les demandes de prêt, l'autre organisation avait été plus rapide. Babuji s'est retrouvé avec un passif de 10 000 roupies. Mais cela n'était encore rien comparé à ce qui l'attendait. Le gouvernement nous avait déjà versé 100 000 roupies pour les groupes que nous avions créés. Échaudé par l'escroquerie de ses deux employées, endetté jusqu'au cou, Babuji s'est empressé d'aller à la banque dans le but de déposer le plus rapidement possible les demandes de prêt pour tous les groupes encore en attente. Le banquier lui a appris que Pushna et Lalsha avaient transféré nos fonds sur le compte de l'autre ONG. Dans le même temps, 6 000 roupies étaient passées par erreur de leur compte sur le nôtre. En Inde, ces cafouillages bancaires sont monnaie courante. À l'époque, les arnaques liées aux *self-help groups* l'étaient tout autant, les banques comptant parmi leurs clients de nombreuses ONG. Nous avons déposé une plainte contre le directeur de la banque. L'affaire est toujours en cours.

Restaient, pour nous sauver la mise, les primes promises suite à nos dernières demandes de prêt. Le fonctionnaire chargé du développement du *block*, le BDO, qui devait procéder au versement des primes, a été remplacé par un autre. Quand Babuji a pris rendez-vous avec lui pour savoir où en était son dossier, le nouveau BDO a été très clair.

— Je vois que nous devons vous verser à peu près 100 000 roupies.

— C'est tout à fait ça.

— Ça fait une grosse somme.

— Nous avons beaucoup travaillé.

— Sûrement ne verriez-vous pas d'inconvénient à partager vos gains ?

— Comment ça ?

— Quatre-vingt-dix mille ou 100 000 roupies, pour vous, cela ne fait aucune différence !

— Bien sûr que cela fait une différence !

— C'est vous qui voyez. Mais sachez que cela permettrait de faire passer votre dossier sur le haut de la pile. Vous êtes gentils avec moi, je suis gentil avec vous et tout le monde est gagnant.

Babuji a refusé de lui graisser la patte. Il préférait ne rien toucher plutôt que de céder à ce racket. Le BDO s'est mis à nous harceler. Un jour, cet escroc a déboulé au bureau de Jay Prakash. Il n'était pas seul : une armoire à glace l'accompagnait. C'était un *gounda*, un sale type payé pour faire de l'intimidation. Le BDO a pris un ton menaçant :

— Alors, vous refusez toujours de payer ?

— …

— Je vous préviens, si vous vous obstinez, vous ne verrez jamais la couleur de votre argent.

— …

— Vous voyez mon ami ? La prochaine fois que je viendrai vous voir, il sera beaucoup moins gentil avec vous.

Dès que ces deux brutes ont quitté le bureau, je me suis ruée au commissariat de police, Babuji sur les talons. L'agent de police m'a d'abord prêté une oreille distraite. Mais lorsque je lui ai parlé de la présence du *gounda*, qui nous menaçait directement, il m'a interrompue.

— Je connais cet homme. C'est une connaissance d'un ministre. Je ne peux rien faire contre lui.

— Quel est le rapport avec notre affaire ? Je m'en moque qu'il soit proche d'un ministre. Quand bien même il serait proche du Premier ministre, s'il fait quelque chose de mal, il doit être puni !

— Tais-toi, tu racontes n'importe quoi. Dis-moi plutôt qui est cet homme qui t'accompagne.

— C'est Jay Prakash, le coordinateur de l'organisation.

— Vous autres, arrêtez cet homme !

Jeter Jay Prakash en prison : voilà tout ce que ce couard de policier a trouvé à faire ! Un fonctionnaire véreux tentait de nous escroquer, son homme de main avait menacé de s'en prendre à nous physiquement, mais c'était nous qu'on enfermait ! Mais pour qui se prenait-il, ce cafard ? Ivre de rage, je n'ai pas réfléchi. Quand il s'est approché de Babuji pour le menotter, je me suis interposée et lui ai balancé une grande gifle dans la figure, au beau milieu du poste de police !

Babuji était stupéfait. Il me dévisageait, incapable de croire à ce qu'il avait vu. Le policier, lui, m'a regardée comme si j'étais une folle furieuse. Il s'est mis à hurler comme un forcené :

— C'est insensé ! Vous êtes tous témoins ? Cette femme a perdu la tête. Regardez ce qu'elle m'a fait !

Le policier est sorti du bureau en claquant la porte : choqué, mais pas fou ! Il avait refusé de prendre ma plainte, il ne pouvait rien faire contre moi. Pour ma part, il était hors de question que j'en reste là.

— Babuji, viens avec moi. Nous n'allons pas nous laisser faire.

— Où veux-tu aller ?

— Puisque le commissaire d'Atarra refuse de nous

aider, nous allons nous adresser directement à son supérieur.

— Son supérieur ?

— Le magistrat du district. Allons-y !

Son bureau était à Banda, le chef-lieu du district. Nous avons pris le bus. Deux heures après, nous demandions à parler au magistrat. Quand il nous a reçus, j'ai passé la gifle sous silence, elle n'avait que peu d'importance en réalité. Je lui ai dit que l'un de ses hommes m'avait manqué de respect, refusant d'enregistrer une plainte pour tentative d'extorsion et menace physique. Il m'a répondu qu'il allait vérifier et que si j'avais dit vrai, il suspendrait le policier. Je l'ai remercié et nous sommes partis. Le magistrat a tenu parole. Enfin, presque : l'agent de police d'Atarra n'a pas été suspendu, il a été muté. Quant au BDO racketteur, il n'a pas été inquiété.

Je pense que Jay Prakash a toujours su qu'une force peu commune m'habitait. Il devait pressentir que je pouvais aller très loin. Mais il ne savait pas jusqu'où. Après la gifle au policier, il m'a regardée différemment, mon jusqu'au-boutisme a dû l'effrayer. Il l'a aussi séduit ; désormais, il croyait en moi. Ça tombait bien : il n'avait plus rien. Sans argent, son organisation a fait faillite. Il ne savait pas quoi faire.

— Babuji, surtout, ne reviens pas en arrière. Tu dois continuer ce que tu as commencé. Tous ces groupes que nous avons créés existent toujours, il faut les aider à se développer, avec ou sans prêt bancaire. Tu sais ce que je pense des *self-help groups* : les femmes trouvent ça trop compliqué. Et puis, à quoi bon emprunter de l'argent si c'est pour se retrouver endetté pendant des années ? Avec mon système, les femmes ne prennent aucun risque. Elles n'investissent que leurs économies, puis leurs gains quand elles en font. Il y a tant à faire pour aider toutes ces femmes ! S'il te plaît, ne baisse pas les bras.

J'ai convaincu Babuji. Je lui ai donné ma force, lui s'est engagé à m'aider dans toutes les tâches administratives. Nous n'avions plus un sou. Heureusement, les femmes que nous aidions nous donnaient quelques roupies de temps en temps. Toute la journée, nous nous déplacions de village en village pour motiver nos troupes, Babuji conduisait le vélo, j'étais assise sur la selle. Quand je n'étais pas en train de sillonner la campagne, j'assemblais des jupons à la maison, pour faire vivre ma famille et payer les dettes de Babuji. Dans les villages alentour, on commençait à me connaître. De plus en plus de femmes se présentaient spontanément chez moi pour me demander conseil. Entre toutes ces visiteuses qui arrivaient à n'importe quelle heure et les cours de couture que je donnais plusieurs après-midi par semaine, la maison était toujours pleine de monde. Mon fils Kamta et ma fille Nisha vivaient toujours sous notre toit. L'après-midi, après l'école, ils avaient du mal à se concentrer pour faire leurs devoirs. Munni Lal ne supportait plus ces allées et venues incessantes et je voyais bien qu'il ne se sentait plus chez lui. Ce n'était plus vivable. J'ai retourné la question dans tous les sens, pour arriver à la seule solution possible : je devais recevoir ces femmes ailleurs que chez moi. Quand j'ai évoqué l'idée d'aller travailler à Atarra avec Babuji, ma famille a été plutôt soulagée. C'était le moment. Mon mari savait depuis longtemps qu'il ne servirait à rien de me détourner de la voie que je m'étais tracée. Et puis mes enfants avaient grandi. Kamta s'apprêtait à partir à l'université : il allait étudier l'agriculture à Jhansi, une grande ville très loin de Badausa. Nisha, ma cadette, finirait bien par partir un jour elle aussi. C'est elle qui m'a le plus encouragée dans ce projet.

— Fais ce que tu dois faire, Ammaji. Si c'est important pour toi, tu dois te concentrer sur ton travail. Ne t'inquiète pas pour moi. Je suis très bien ici. Et puis tu reviendras nous voir souvent, Atarra n'est qu'à cinq kilomètres d'ici.

Nisha me ressemblait tellement. Elle n'avait que quatorze ans et déjà la tête sur les épaules. Sans sa bénédiction, je ne serais jamais partie. Mais il me fallait aussi celle de mon père. Je suis allée le trouver à Kairi, pour lui soumettre mon idée.

— Bappaji, tu connais mes activités. Je ne peux pas en venir à bout seule. J'ai rencontré un homme, Jay Prakash, avec qui nous faisons du bon travail. Vois-tu un inconvénient à ce que je passe toutes mes journées avec lui ?

— A-t-il toute ta confiance ?

— Il l'a, Bappaji.

— Alors, tu as la mienne. Vas-y, fais ce que tu crois juste.

Déménager à Atarra était bien beau. Encore fallait-il avoir les moyens de payer un logement. C'est moi qui ai convaincu Jay Prakash de prendre un logement pour deux, un lieu qui nous serve à la fois de bureau et de maison.

— Babuji, tu sais bien que nous ne pouvons pas nous permettre de payer deux loyers. En plus, nous allons travailler ensemble du matin au soir. Ce sera plus pratique.

— Oui, je sais, mais que vont penser les gens ?

— Quelle importance ? Ça ne les regarde pas. Si nous avions envie de faire quelque chose de mal, nous le ferions, même si nous ne vivions pas sous le même toit. L'important, c'est d'être honnête avec nous-même. J'ai confiance en moi et tu as confiance en toi. Nous avons notre conscience pour nous.

— Oui, sans doute, sans doute… Mais j'ai peur de ce que ma famille va penser.

— Si ta famille a confiance en toi, elle ne dira rien.

Munni Lal, lui, en a pris son parti. Je ne faisais rien de mal et il le savait. Lui qui, au début de notre mariage, ne supportait pas que j'adresse la parole à d'autres hommes, avait appris à respecter mon indépendance et mon besoin de communiquer avec des gens éduqués. Il avait confiance en moi, c'était l'essentiel. Depuis, nous en avons eu des disputes, mais jamais il n'a émis le moindre commentaire douteux sur ma moralité, jamais il n'a remis en cause mon comportement.

J'ai donc emménagé à Atarra avec Jay Prakash. Nous avons loué une pièce au rez-de-chaussée d'une petite maison de deux étages donnant sur la rue principale de la ville. Le confort était sommaire : une chambre sans fenêtres au sol en terre battue, avec une seule et grande armoire pour ranger toutes nos affaires. Une sorte de préau à l'extérieur nous permettrait de recevoir les visiteurs.

Au début, Jay Prakash a eu beaucoup de mal à assumer cette cohabitation. Ce que pouvaient penser les gens le minait. Comme si nous avions quelque chose à cacher ! Progressivement, il s'est habitué. Aujourd'hui, nous fonctionnons comme un vieux couple d'amis. Le soir, nous dînons ensemble, utilisons la même gamelle, la même cuiller. Après, il nous arrive de regarder la télévision ou de discuter. De temps en temps, il me lit un article, ce que je ne peux plus faire à cause de mes yeux fatigués. Ensuite, je vais me coucher dans la chambre. Lui s'allonge sur un lit de corde à l'extérieur. La plupart du temps, il dort d'ailleurs avec le mari de ma fille Champa, le docteur, qui tient son officine dans le même bâtiment.

Évidemment, on ne peut pas empêcher les mauvaises langues de se répandre. Qu'elles se répandent ! Ce n'est pas mon problème. À celles et à ceux qui me demandent des précisions, je réponds sciemment à côté, pour me moquer de leurs allusions déplacées.

— Il paraît que vous mangez dans la même assiette ?

— Il est vrai que nous utilisons une seule assiette pour manger.

— Alors comme ça, vous vivez vraiment dans la même maison tous les deux ?

— Nous vivons tous les deux dans une maison, oui.

— C'est ton propriétaire ?

— Oui, il est propriétaire d'une maison.

— Mais est-il ton mari ?

— Oui, il est marié.

— Je comprends, il est simplement le père de tes enfants ?

— C'est effectivement un père.

Pourquoi devrais-je répondre à leurs questions ? Toute cette hypocrisie me dégoûte. Sous prétexte que je côtoie un homme toute la journée, on me soupçonne de coucher avec lui ! Qu'est-ce qu'il y a de mal à manger dans la même assiette ? On partage une assiette, pas un lit. Certaines ne peuvent pas s'empêcher de remarquer d'un ton pincé :

— Moi, je ne partage pas l'assiette de mon mari en tout cas. Je ne mange même pas avec lui.

Elles ne partagent pas le repas de leur mari, elles se couvrent le visage en sa présence, soi-disant par humilité ou par timidité, mais cela ne les empêche pas de tomber enceintes ! Alors, à quoi riment ces simagrées ?

Au fond de moi, je sais que je n'ai rien à me reprocher. C'est ma force. S'il se passait quelque chose entre Jay Prakash et moi, je ne pourrais plus jamais me respecter. Je n'oublie pas que mon véritable foyer est à Badausa. J'y retourne plusieurs fois par semaine et encourage Jay Prakash à retourner chez lui le plus souvent possible, même si c'est loin. J'insiste aussi pour qu'il ne s'immisce pas dans ma vie de famille. Mes enfants le respectent beaucoup, au point qu'il se permet parfois de leur faire la morale, à mon fils surtout. Chaque fois, cela me met dans tous mes états et je ne manque pas de le rappeler à l'ordre :

— Tu n'es pas le patron chez moi, alors, ne joue pas les chefs de famille. Je suis leur mère, tandis que toi, tu n'es rien pour eux. Tâche de ne pas l'oublier.

Je tiens plus que tout à ce que la frontière entre notre collaboration professionnelle et notre vie privée soit respectée. À Atarra, nous sommes là pour travailler. Babuji et moi avons du pain sur la planche et n'avons pas de temps à perdre pour le reste.

9

Chef de gang

Nous avions désormais un quartier général, dans une petite ville d'environ cinquante mille habitants, à peine plus grosse que Badausa. En réalité, Atarra était plutôt un gros village, avec des animaux partout, des habitations sommaires et des rues défoncées ; même la route principale, juste devant chez nous, était en terre. Mais c'était un lieu de passage, qui grouillait de monde dans la journée, entre les vendeurs à la sauvette, les quelques voitures qui parvenaient à rouler, les vaches qui dormaient sur la chaussée et les cochons qui s'empiffraient de détritus. Surtout, c'était chez nous. Certes, je continuais de me déplacer dans les villages. Chaque réunion était l'occasion de parler du fonctionnement du groupe, mais aussi des habitants du village et de la vie privée de chacune. Au cours de ces réunions, les femmes se confiaient plus facilement. Je prenais très à cœur tous leurs problèmes. À plusieurs reprises, j'étais déjà intervenue, dans le passé, auprès d'un fonctionnaire corrompu ou d'un mari violent. C'est devenu de plus en plus courant. C'était plus fort que moi, toute injustice me révoltait et me poussait à agir. Renseignées par le bouche à oreille, de plus en plus de femmes sont venues me demander conseil. Elles n'attendaient plus que je passe par chez elles pour me consulter, désormais, elles venaient à nous. Elles déboulaient à n'importe quelle heure de la journée. Très vite, notre bureau est devenu une sorte de permanence en ébullition continue. Les plaignantes n'hésitaient pas à faire la queue pour obtenir une entrevue. Je les recevais sous le porche en béton, assise sur un lit de corde tressée. On ne venait plus seulement nous consulter au sujet des groupes d'entraide. Les femmes me présentaient maintenant leurs doléances les plus diverses : belle-mère tyrannique, problème d'héritage ou puissant qui faisait la loi dans un village.

Un jour, un petit groupe de femmes issues de basses castes s'est présenté chez nous. Un riche propriétaire avait commencé à construire une maison au beau milieu du chemin principal qui traversait leur village. C'était un terrain communal, il n'avait pas le droit de s'installer là. Il n'avait encore érigé qu'un seul mur, mais si large qu'il bloquait totalement le passage : les femmes devaient faire le tour complet du hameau pour se rendre de l'autre côté. Une fois n'est pas coutume, le *pradhan* du village était une femme. Mon premier réflexe a été d'aller lui rendre visite pour voir avec elle ce qu'il convenait de faire. C'était une brave femme. Malheureusement, elle avait les pieds et les poings liés. Faire appel à la police était inutile : elle n'aurait jamais levé le petit doigt contre un homme puissant. Il aurait fallu déloger le squatteur par la force, mais tous les hommes étaient terrifiés à l'idée des représailles qu'ils encourraient. Que pouvait une femme *pradhan* dans ces conditions ? Son autorité ne valait pas bien lourd face aux seigneurs du village.

Sur le chemin du retour, j'ai demandé aux deux ou trois femmes qui m'avaient accompagnée de prévenir leurs voisines et de me rejoindre à Atarra. J'avais à leur parler.

— Votre *pradhan* m'a confirmé ce que vous m'aviez dit. J'ai vu le mur qui divisait votre village. Je suis d'accord avec vous, il faut le détruire. Je veux bien vous aider, mais à une condition : ce mur, nous allons le démolir ensemble.

J'avais conscience qu'abattre une façade de briques était un travail très physique. Mais j'avais une bonne raison de m'adresser aux femmes plutôt qu'à leurs maris : si la police devait intervenir, elles ne risquaient pas grand-chose, tandis que les hommes seraient immédiatement arrêtés et jetés en prison. La fragilité des femmes a aussi ses avantages ! J'ai fixé l'opération à la nuit suivante. Ce soir-là, elles étaient une centaine à m'attendre devant l'entrée du village. Ensemble, nous nous sommes rendues au pied de la maison en chantier. Le mur était très haut et nous n'avions que nos bras, mais nous avons opéré avec méthode. Les briques étaient simplement posées les unes sur les autres, scellées par du torchis finalement assez friable. La première brique a été un peu longue à déloger. Pourtant, à force de frapper dessus avec une pierre, elle a fini par retomber de l'autre côté de la paroi. Les autres briques ont été plus faciles à dessertir. Chacune des femmes en a pris une, puis est allée la jeter à une centaine de mètres en dehors du village. C'était fastidieux, mais nous avancions rapidement. En quelques heures, il n'est plus rien resté du mur, on pouvait à nouveau circuler entre les deux parties du village. Très excitées, les femmes pouffaient en pensant à la tête qu'allait faire le propriétaire quand il allait se rendre compte du bon tour qu'elles lui avaient joué. Tout le monde est allé se coucher, un peu angoissé, tout de même, à l'idée de ce qui allait se passer. Moi non plus, mine de rien, je n'en menais pas large !

Le lendemain, le propriétaire, prévenu par des habitants, n'a pas tardé à constater la disparition de son mur. Furibond, il s'est précipité chez la *pradhan* pour crier au vandalisme.

— Je sais ce qui s'est passé ! Tout ça, c'est votre faute. C'est vous qui avez monté les autres contre moi. Vous allez le payer très cher.

Sur ces menaces, il est parti en claquant la porte. Quelques heures plus tard, les policiers ont débarqué chez la *pradhan*. Sans même écouter ce qu'elle avait à dire, ils ont embarqué son mari en le bousculant. Très inquiète, elle est arrivée à mon bureau en pleurant. Avec Jay Prakash, nous avons tenté de la calmer. Nous lui avons promis de l'aider à récupérer son mari. Tous les trois, nous sommes retournés à son village. Sur la place centrale, j'ai convoqué toutes les femmes qui avaient participé à l'opération de la veille.

— Écoutez, nous avons fait le plus dur, mais ce n'est pas terminé. Un homme a été emprisonné injustement. Nous devons obtenir sa libération.

Elles m'ont toutes suivie jusqu'au commissariat. J'étais maintenant rodée à ce genre d'action. Comme d'habitude, je leur ai enjoint de s'asseoir par terre, devant les fenêtres des agents de police. Cette fois, je ne suis pas entrée pour leur parler, j'ai attendu qu'ils sortent.

— Que faites-vous là ? Vous croyez que c'est un endroit pour vous reposer ?

— Nous ne sommes pas là pour nous reposer. Nous sommes venues exiger la libération de l'homme que vous avez arrêté. Vous vous êtes trompé de coupable. C'est celui qui a construit illégalement le mur qui devrait être en prison.

— Vous ne manquez pas de culot. Cette histoire ne vous concerne pas. C'est nous qui menons l'enquête, pas vous.

— Je crois que votre enquête a été un peu trop rapide. Libérez cet homme, vous enquêterez après.

— Sinon ?

— Sinon, nous resterons là sans bouger pendant des jours s'il le faut.

Évidemment, le fonctionnaire qui m'avait parlé n'a pas cru un mot de ce que je disais. Il a regagné son bureau en haussant les épaules. Là où je vis, les hommes n'ont pas l'habitude que des femmes se piquent de faire de l'intimidation. Ils ne peuvent même pas concevoir qu'elles puissent avoir l'idée d'utiliser les mêmes armes qu'eux. C'est leur faiblesse. Quelques heures plus tard, les policiers n'en revenaient pas de nous voir toujours là. Dépités, ils ont finalement relâché le mari de la *pradhan*. Les femmes étaient soulagées, toutes voulaient retourner chez elles. Mais je n'étais pas d'accord.

— Où allez-vous comme ça ? Alors quoi ? La police arrête un innocent sous le seul prétexte qu'un puissant lui a dit de le faire et ça ne vous choque pas plus que ça ? Qu'est-ce qui l'empêche de revenir demain pour l'arrêter de nouveau ? Et si elle s'en prenait à vos maris ? Vous êtes prêtes à courir le risque ?

— Non, bien sûr, mais que peut-on faire ? C'est la police après tout !

— C'est très simple : on peut aller voir le sous-magistrat du district pour dénoncer ces fonctionnaires corrompus, on peut exiger leur révocation. Si on ne réclame pas justice, qui le fera ?

Les femmes n'étaient pas très enthousiastes à l'idée de cette nouvelle démonstration de force, mais elles savaient, au fond, que j'avais raison. Elles se sont rangées à mon avis et nous avons toutes marché jusqu'au bureau du sous-magistrat du district. Celui-ci m'a reçue rapidement. En réalité, il n'avait guère le choix : un sit-in de femmes devant un bureau de l'administration n'est pas du plus bel effet. En m'écoutant raconter ce qui était arrivé, il a pris un air préoccupé. Je ne sais pas s'il était sincère. Toujours est-il que quand je me suis tue, il a promis qu'il révoquerait le policier qui avait arrêté le mari de la *pradhan*. Je l'ai remercié et je suis partie. Quelques jours plus tard, on m'a rapporté que l'officier en question avait été remercié. Je ne me fais aucune illusion : sans doute a-t-il été muté dans une commune un peu plus loin… Mais nous avions fait ce que nous pouvions et c'était le plus important.

Jusque-là, je ne m'étais jamais réellement penchée sur mes motivations, sur ce qui me poussait à intervenir dans des situations qui ne me concernaient pas. Jamais je n'avais pensé que j'avais un talent particulier dans le règlement des conflits, encore moins que je pouvais en faire une activité à part entière. Je me contentais de suivre mon instinct. Comme dit mon frère, je suis une femme d'action, pas de réflexion. C'est Jay Prakash qui m'a avoué que le jour où j'avais détruit le mur, il avait compris que je pouvais accomplir de grandes choses, que mes méthodes étaient inédites et que j'avais le pouvoir de changer la vie des gens. Le déclic est venu d'un deuxième cas, survenu un peu plus tard.

Alors que j'organisais l'une de mes réunions dans un village des environs, une femme est venue me trouver, le bras en écharpe. Elle avait la tête haute et le regard fier. Son regard, pourtant, était désespéré. Qu'avait-il donc pu arriver à cette dame si bien mise, visiblement issue de la classe moyenne, pour qu'elle perde ainsi pied ?

— *Namaste.*

— *Namaste.*

— C'est vous, Sampat Pal ?

— C'est bien moi.

— On m'a dit que vous pourriez m'aider. J'ai pourtant tout essayé, mais vous êtes mon dernier recours.

— Je ne sais pas si je pourrai faire quelque chose, mais racontez-moi ce qui vous est arrivé. Je suis persuadée que même quand la situation semble sans issue, il reste toujours quelque chose à faire.

— C'est à cause d'un troupeau de chèvres.

— Les chèvres de qui ?

— Celles de mes voisins.

Des chèvres, encore… Ce n'était pas la première fois que j'entendais ce genre de préambule. À la campagne, une seule chèvre peut provoquer la scission d'un village tout entier ! Une dispute entre voisins ? Cherchez la chèvre…

— Eh bien, que vous ont-elles fait, ces chèvres ?

— Elles sont venues brouter dans mon champ. Je ne pouvais pas les laisser agir ; elles étaient en train de manger mes récoltes.

— Alors, qu'avez-vous fait ?

— J'ai tenté de les chasser. Mais les voisins m'ont vue et ils sont arrivés en hurlant. Ils ont commencé à m'insulter, en prétendant que je maltraitais leurs chèvres. Je leur ai dit que leurs bêtes étaient en train de détruire mes jeunes pousses, mais ils ne m'ont pas écoutée. Ils étaient trois. L'un d'eux avait un bâton et il m'a frappée plusieurs fois. J'ai eu la main brisée. Je me suis enfuie en courant.

— Avez-vous porté plainte ?

— Je suis d'abord allée à l'hôpital pour me faire soigner. Puis je me suis rendue au commissariat. Au début, les policiers ont refusé de m'écouter. Mais j'ai beaucoup insisté et ils ont fini par enregistrer ma plainte.

— Votre voisin a-t-il été arrêté ?

— Il n'a même pas été interrogé. Mes voisins sont des gens puissants. Ils ont dû acheter la police pour ne pas être inquiétés.

— Cela s'est passé quand ?

— Il y a presque un mois. Quand j'ai vu que rien ne se passait, je suis retournée au commissariat, mais ils m'ont renvoyée chez moi, en me disant que ce n'était plus de mon ressort. À la suite de ça, j'ai contacté deux partis politiques afin d'obtenir leur aide. Chaque fois, j'ai obtenu un rendez-vous avec le représentant local, mais personne n'a voulu m'écouter. Mes histoires de chèvres ne les intéressaient pas. Il y a quelques jours, on m'a parlé de vous. Il paraît que vous savez comment vous y prendre avec la police.

— Ça dépend des fois ! Mais je pense qu'on peut essayer de faire quelque chose.

Je lui ai fait répéter toute son histoire. Mais cette fois, Jay Prakash prenait des notes. Il a rédigé une plainte en bonne et due forme, puis nous sommes tous les trois partis au commissariat, celui auquel cette femme s'était adressée. À notre arrivée, c'est le chef du bureau qui nous a reçus. Quand il a vu la femme, il a eu l'air irrité.

— C'est la troisième fois que je vous vois. Que voulez-vous encore ?

Jay Prakash et moi n'avons rien dit, laissant la femme parler.

— Pardon de vous déranger, mais je n'ai toujours pas eu de nouvelles de la plainte que j'ai déposée il y a un mois. J'ai pensé que vous l'aviez peut-être égarée et j'en ai rédigé une autre. Tenez, la voilà.

— Donnez-moi ça !

Le commissaire était furieux. Il lui a arraché la feuille des mains en plissant les yeux d'un air mauvais. Puis, sans même regarder ce qui était écrit, il l'a déchirée en mille morceaux.

— Tu te prends pour qui ? Tu crois que je ne sais pas faire mon travail ? Je connais les menteuses comme toi, toujours à vous emballer pour des bêtises. Comment oses-tu venir me déranger pour quelques chèvres qui t'ont brouté trois brins d'herbe ?

— Mes voisins m'ont frappée. J'ai la main cassée !

— Tais-toi, tu me fais perdre mon temps ! Disparais de ma vue immédiatement. Et ne reviens jamais, tu entends ? !

Ce gros porc était odieux. Il était temps d'intervenir. Si ce policier voulait jouer à celui qui criait le plus fort, il allait être servi.

— Je crois que vous avez mal compris.

— Pardon ?

— Vous avez mal compris cette femme. Elle vous a dit qu'elle voulait porter plainte.

— Qui êtes-vous ?

— Je suis Sampat Pal et cette femme est mon amie. Vous l'avez insultée. De quel droit ? Vous êtes policier, vous êtes payé pour poursuivre les coupables. Qu'attendez-vous pour faire votre travail ?

— Oh, oh ! Et je suis censé avoir peur ? Mais qu'est-ce que tu vas t'imaginer ? Des harpies de ton espèce, j'en ai vu cinquante avant toi. Ne crois surtout pas que tu peux m'impressionner.

— Tu en as vu cinquante comme moi ? Tu ne sais pas de quoi tu parles ! Demain, je vais revenir et, cette fois, je te garantis que tu vas vraiment voir ce que c'est, cinquante femmes comme moi.

Nous nous sommes levés calmement. Goguenard, le policier nous a regardés partir en riant. Le lendemain, quand je suis revenue, cinquante femmes m'accompagnaient. J'avais maintenant des appuis fidèles dans tout le district. Il n'avait pas été difficile de mobiliser tout ce monde. C'est la force des femmes : elles sont solidaires. Aucune d'elles ne connaissait la plaignante. Mais toutes savaient ce que c'était d'être humiliée sous prétexte que l'on appartient au sexe faible. Le policier qui nous avait reçus la veille n'était pas là. Ses subordonnés ont prétendu qu'ils ne pouvaient rien faire et nous ont demandé de revenir un autre jour. Leur réponse ne nous a pas démontées, bien au contraire. Nous nous sommes assises sous les fenêtres du commissariat, bien décidées à ne pas quitter les lieux avant d'avoir obtenu gain de cause. Les policiers étaient bien embêtés. Au bout de deux heures, ils ont cédé.

— C'est bon, on va l'enregistrer, votre plainte.

Je ne me souviens plus de ce qui est arrivé à l'homme qui avait frappé sa malheureuse voisine. Mais je suis sûre que, cette fois, la plainte a suivi son cours. Les hommes sont des lâches, il suffit de crier plus fort qu'eux. Le tout, c'est d'oser, ce que les femmes font rarement. Pendant des dizaines de générations, elles ont été bâillonnées. À force, elles ont accepté les frontières que les traditions leur avaient imposées. Aujourd'hui, la loi leur donne les mêmes droits qu'aux hommes. Pourtant, elles n'osent toujours ni se défendre quand leur mari les insulte, ni porter plainte quand il les frappe, ni réclamer leur pension auprès des services administratifs. Elles ne savent pas que, quand elles osent, elles ont tout. Tout ce que j'avais obtenu, des maris, des *pradhans*, des policiers, des magistrats, je m'étais contentée de l'exiger de la voix la plus forte possible, en la mêlant à celles d'autres femmes. Notre pouvoir, c'était notre présence, notre union en tant que groupe. Pourquoi l'ai-je compris avant les autres ? Je n'en sais rien. Encore une fois, je n'avais jamais réfléchi à tout ça auparavant. Toujours est-il que ma vocation était devenue une évidence. J'avais un don pour mobiliser les femmes, avec, pour seule ressource, ma force de persuasion, alors que certaines organisations dépensaient des millions de roupies pour un effet moins spectaculaire. C'était mon devoir de l'utiliser. Une femme seule ne peut rien. Plusieurs femmes ont les moyens de faire pression, d'inverser le rapport de forces, voire d'enrayer la machinerie corrompue de l'administration. C'était à moi de leur donner l'impulsion initiale en les poussant à s'organiser.

Ma bande de femmes existait déjà. Seulement, elle n'avait pas de nom précis. Avec Jay Prakash, nous en avons beaucoup discuté. Nous sommes parvenus à la conclusion que mon travail serait plus efficace dans un cadre plus officiel, que si je voulais que ma force soit reconnue, il fallait que l'on puisse m'identifier. À mon bureau, j'ai réuni vingt-cinq femmes, âgées de quarante à soixante-dix ans. Elles avaient de l'expérience et ne s'en laissaient plus conter. Je les avais toutes connues quand j'étais arrivée à Badausa, soit grâce aux cours de couture, soit par les *self-help groups*. Ces femmes pauvres, de basse caste, souvent des veuves contraintes de subvenir seules à leurs besoins, étaient mes soutiens les plus fidèles. Chaque fois que j'avais eu besoin de faire pression sur quelqu'un, elles m'avaient accompagnée, notamment lors des deux raids des dernières semaines : la destruction du mur, puis le soutien à la femme à la main cassée. Elles connaissaient mes méthodes et savaient convaincre les femmes les plus réticentes de me faire confiance. Quand je leur ai parlé de créer ensemble une véritable organisation, pour défendre les femmes et lutter contre les injustices, elles m'ont applaudie. C'était en mars 2006.

Le Gulabi gang était né. J'avais quarante-cinq ans et j'en étais le chef.

Chant de guerre

Le monde entier est en train de changer, ma sœur, mais si toi tu ne changes pas, que se passera-t-il ?

Maintenant, le gouvernement va t'aider à envoyer tes filles à l'école, mais, si tu ne prends pas le train de l'éducation en marche, qui va te respecter ?

Je t'ai montré de nombreux chemins, ma sœur, mais si tu n'empruntes aucune de ces routes, que puis-je faire d'autre ?

Le monde entier est en train de changer, ma sœur, mais si toi tu ne changes pas, que se passera-t-il ?

Aujourd'hui, il y a des lois qui te protègent, il n'y a plus ni caste supérieure ni caste inférieure, les femmes ont les mêmes droits que les hommes, mais si on t'insulte, si on te harcèle ou si on te frappe et que tu ne dis rien, qui protestera à ta place ?

Le monde entier est en train de changer, ma sœur, mais si toi tu ne changes pas, que se passera-t-il ?

Je t'ai expliqué les nouvelles règles, mais si tu ne les transmets pas autour de toi, qui préviendra tes filles ?

Je suis là pour vous, mes sœurs, je vous donne le courage, mais si vous ne faites pas tout pour rester motivées, qu'est-ce que je peux faire de plus ?

10

La force rose

Gulabi signifie « rose » en hindi. Le mot vient de *gulah*, la fleur. Le rose, c'est la couleur de la vie. Non seulement c'est gai, mais c'est aussi assez voyant pour être repéré de loin. Surtout, c'était la seule couleur qui n'était pas déjà prise…

L'idée d'un uniforme s'est imposée tout naturellement. Nous étions un gang, il nous fallait donc une tenue qui nous permette d'affirmer notre identité aux yeux des autres et qui renforce, au passage, le sentiment des membres d'appartenir à un groupe. Nous portions toutes des saris. Restait à en choisir la couleur. Jay Prakash a d'abord opté pour le bleu, mais c'était la couleur officielle du Bahujan Samaj Party, le BSP, le parti des intouchables. Nous avons alors pensé au jaune, malheureusement, cela rappelait trop les religieux hindous. *Idem* pour le vert, souvent porté par les représentants du parti du Congrès. Quant au rouge, c'était la couleur du Samajwadi Party, le SP, parti des basses castes. Il ne restait plus que le rose, une couleur très répandue mais exclusivement féminine, facile à trouver dans sa garde-robe et assortie à la marque poudrée dont les femmes mariées se décorent le front. J'ai immédiatement acheté quelques saris rose vif pour habiller les premiers membres de ma bande. Le Nylon était bas de gamme, mais à 50 roupies pièce, c'était abordable pour la plupart des femmes. Et puis ça faisait de l'effet : nous nous en sommes aperçues la première fois où nous les avons portés ensemble. Dans la rue, tous les gens se retournaient sur notre passage en se demandant qui nous pouvions être. Nous étions prêtes pour aller rendre visite aux policiers, aux magistrats et autres agents de l'administration. Désormais, nous n'étions plus des femmes anonymes et les gens n'allaient pas tarder à entendre parler du gang des saris roses.

Notre première grosse affaire a eu lieu quelques mois plus tard. Sur la route principale d'Atarra, j'ai croisé Kudia et Lunji, deux veuves que je connaissais par le biais d'un *self-help group*. Toutes les deux étaient des *dalits*, des intouchables. Âgées de plus de soixante ans, elles vivaient dans des conditions misérables. L'État leur versait bien une petite pension, mais cela leur suffisait à peine pour manger à leur faim. Un an auparavant, j'étais d'ailleurs intervenue en faveur de Kudia : l'agent chargé de verser les pensions refusait de lui donner son argent depuis plusieurs mois sous prétexte que le gouvernement n'avait toujours pas effectué les virements bancaires. Je l'avais donc accompagnée pour faire pression sur le fonctionnaire, qui avait débloqué les fonds aussi sec… Quand je l'ai aperçue qui marchait sur la route avec Lunji, je me suis approchée d'elles pour les saluer.

— *Namaste*.

— *Namaste*.

— Où allez-vous comme ça avec votre panier ?

— Nous allons au marché acheter du blé.

— Au marché ? Mais c'est très cher ! Vous n'avez pas la carte BPL ?

La carte BPL[1] a été mise en place par le gouvernement pour permettre aux personnes considérées comme étant en dessous du seuil de pauvreté de manger à leur faim. En Uttar Pradesh, un des États comptant le plus grand nombre d'indigents, 15 % des foyers en bénéficient dans les régions rurales. Une fois par mois, les titulaires de cette carte se présentent dans un magasin d'approvisionnement, un dépôt d'État géré par un fonctionnaire, où ils peuvent acheter, à un tarif préférentiel, un quota mensuel de sacs de blé et de riz, voire de jerricans d'essence. À titre d'exemple, un sac de riz ne coûte que 4 roupies, alors qu'il se vend 10 roupies sur le marché. Quand je leur ai posé la question, Kudia et Lunji ont soupiré.

— Si, nous avons bien la carte, mais on ne nous a jamais rien donné en échange.

— Vous êtes allées au magasin d'approvisionnement ?

— Bien sûr, mais on nous a dit que les réserves étaient vides.

— Depuis combien de temps ?

— Depuis des mois. Chaque fois que nous y allons, on nous répond la même chose.

Des dépôts d'État en rupture de stock pendant des mois ? Impossible.

— Il y a quelque chose de louche là-dessous. Je vais m'occuper de votre cas. Mais d'abord, vous devez rejoindre mon gang. Vous serez parmi les premières. Ensemble, nous serons plus fortes.

1. « Below poverty line », sous le seuil minimum de pauvreté.

— C'est d'accord, Sampat, nous te faisons confiance.

J'ai accompagné Kodia et Lunji jusqu'à Oraiyya, où elles vivaient. C'est toujours ainsi que j'opère : avant d'agir, j'enquête, afin de me faire ma propre opinion. À Oraiyya, j'ai frappé à une vingtaine de portes dans le quartier de mes amies. Chaque fois, je posais les mêmes questions :

— Êtes-vous titulaires de la carte BPL ? Pouvez-vous me la montrer ?

Partout, j'ai constaté la même chose : sur la carte ne figurait aucun tampon administratif attestant que le grain avait été remis. Tous ces gens n'avaient donc rien reçu du gouvernement depuis presque un an. J'ai décidé de réunir les preuves de ce qui ressemblait à une énorme escroquerie, en photocopiant chacune des cartes de bons alimentaires. Bien sûr, j'ai mis le gang sur le coup. Oraiyya n'était que l'un des quatre-vingt-quinze hameaux répertoriés sur la commune d'Atarra. Avec mes femmes, y compris Kodia et Lunji, qui avaient aussitôt intégré nos rangs, nous en avons visité plusieurs dizaines, en demandant aux habitants que je rencontrais de faire passer le mot autour d'eux. Nous demandions 10 roupies pour les frais de photocopie. En échange, je promettais de tout faire pour débloquer la situation. J'ai réuni un millier de photocopies de cartes BPL qui n'avaient pas servi. Avec toutes ces preuves, je pouvais aller rendre une petite visite au dépôt d'approvisionnement du district.

Le responsable ne s'est pas démonté. Imperturbable, il a nié l'évidence avec un sourire tranquille.

— Je ne sais pas d'où vous sortez toutes ces feuilles de papier, mais il s'agit sans aucun doute d'un malentendu. Mon travail consiste à donner du grain sur présentation de la carte et c'est ce que je fais.

— Vous n'êtes donc pas en rupture de stock ?

— Bien sûr que non. Il y a là de quoi nourrir tout l'Uttar Pradesh !

— C'est ce que nous verrons.

Sur ce, je suis partie. J'ai immédiatement demandé à Kodia et à Lunji de retourner au magasin d'État pour réclamer leur dû. Elles sont revenues en jubilant, avec leur sac de grain sur la tête. Dans les jours qui ont suivi, j'ai entendu dire que des dizaines d'ayants droit avaient été convoqués au dépôt. Tous ont répondu immédiatement à l'appel et sont rentrés chez eux avec leur ration mensuelle. Décidément, le gérant du magasin avait réagi rapidement. Mais, comme je n'allais pas tarder à m'en rendre compte, le gredin avait surtout pensé à couvrir ses arrières : sur les cartes, il n'avait pas seulement tamponné la case du mois en cours, mais toutes les précédentes, avec des entrées fictives qui ne correspondaient en rien à la réalité. Bien sûr, j'avais les photocopies qui démontraient le trafic, mais devant un tribunal, cela n'aurait pas valeur de preuve. Le plus judicieux me semblait être de remonter à la source du trafic. Si le grain avait été détourné pendant près d'une année entière, il devait bien être stocké quelque part. Il me restait à découvrir la cachette. Pour cela, j'ai activé mon réseau. Toutes les femmes de ma troupe ont demandé à leurs proches d'ouvrir les yeux et les oreilles : l'objectif était de recenser les entrepôts suspects, où les livraisons se faisaient la nuit par exemple. Dans les villages, tout finit par se savoir. Les langues se sont déliées et j'ai pu assembler les pièces du puzzle : le grain de l'État était revendu sur le marché par les gérants des dépôts, au moment où les prix étaient les plus hauts. En attendant, il était stocké dans plusieurs entrepôts appartenant à de riches marchands, qui s'en mettaient plein les poches au passage. Parmi eux, j'ai identifié un puissant Thakur nommé Ajay Singh. Ce marchand de riz possédait plusieurs hectares de terres à quelques kilomètres d'Atarra. J'ai envoyé là-bas quelques personnes en reconnaissance. Bien sûr, il était hors de question d'enquêter en uniforme. Je ne voulais pas risquer d'attirer l'attention du marchand, qui aurait pu faire disparaître le grain volé. Pour passer inaperçues, mes espionnes, dont Gudia faisait partie, se sont présentées comme des mendiantes. Elles avaient pour mission d'observer les allées et venues des camions et de me rapporter ce qu'elles voyaient. De nombreux camions venant pendant la nuit, elles en ont déduit que le Thakur stockait le grain de plusieurs dépôts d'approvisionnement. Dès que j'ai eu la confirmation du trafic, j'ai appelé le sous-magistrat du district, un certain Shiv Shankar Gupta, pour dénoncer le vol et le recel. À l'entendre, il prenait l'affaire très au sérieux et voulait un flagrant délit. Deux jours plus tard, il a organisé une descente de policiers chez Ajay Singh. Je n'étais pas là, mais on m'a rapporté que les policiers sont entrés chez lui, ont perquisitionné et n'ont rien trouvé. Ajay Singh, lui, a été emmené au poste, puis relâché quelques heures plus tard. Le sous-magistrat n'avait fait qu'agiter du vent avec une opération poudre aux yeux. Peut-être même était-il complice ? Malheureusement, je ne pouvais pas le prouver.

En revanche, rien ne m'obligeait à rester les bras croisés. Cette fois, j'allais organiser une descente moi-même, avec l'aide de mon gang et de quelques volontaires qui avaient été spoliés de leurs rations de grain. Nous étions une cinquantaine. Mes femmes, elles, étaient habillées en « civil ». Nous sommes arrivés aux abords de la maison du Thakur, il faisait jour depuis peu et il n'y avait pas grand monde aux alentours. Discrètement, nous avons encerclé le bâtiment, de façon que personne ne puisse s'enfuir. L'un des hommes qui nous accompagnaient avait un portable, avec lequel j'ai appelé le magistrat du district en personne, en le suppliant de venir immédiatement. Une heure plus tard, ce fonctionnaire austère à la moustache impeccablement taillée a débarqué accompagné de trois policiers. Les habitants de la maison ne s'étaient rendu compte de rien. La seconde perquisition a été plus fructueuse que la première : les agents ont trouvé quatre cents sacs de riz et deux cents sacs de blé. Le tout a été aussitôt saisi, sous les yeux d'Ajay Singh. Le pauvre petit homme bedonnant fulminait, impuissant, sur le pas de la porte.

— Gulabi gang ! Gulabi gang !

Avec mes justicières, nous hurlions de joie. Cette victoire était la nôtre et nous entendions le faire savoir. J'ai accompagné les trois policiers jusqu'au poste, où j'ai exigé de déposer une plainte formelle contre Ajay Singh. Il ne pouvait plus s'en sortir. Trois jours plus tard, il était sous les verrous. Mais il n'avait pas été le seul à s'être engraissé sur le dos des plus pauvres. Des marchands qui stockaient les marchandises volées des dépôts d'approvisionnement, il y en avait beaucoup comme lui. Nous étions décidés à frapper un grand coup, afin que les autres marchands y réfléchissent à deux fois avant de marcher dans la combine. Après Ajay Singh, nous nous sommes attaqués à un autre receleur, surnommé Rambabu. Nous avons opéré exactement de la même manière que la première fois. Après avoir joué les détectives pendant une semaine autour de chez lui, je me suis adressée directement au magistrat du district. À son tour, Rambabu s'est vu reprendre ses biens mal acquis, avant de se retrouver derrière les barreaux. Je n'ai pas eu à choisir une troisième cible, car c'est elle qui est venue à moi. Notre bureau étant situé sur la route principale de la ville, je voyais passer toutes les voitures, toutes les carrioles qui entraient et sortaient de la ville. Un soir, alors que nous discutions sous le porche avec Babuji et le propriétaire de notre logement, qui logeait à l'étage du dessus, j'ai aperçu deux camions qui s'approchaient. En temps normal, je n'y aurais pas prêté attention. Mais, depuis que je baignais dans le trafic des magasins d'État, le moindre fait qui sortait de l'ordinaire mettait mes sens en alerte. Et des camions qui passaient à une heure si tardive, c'était on ne peut plus inhabituel. Atarra était une toute petite ville et ce n'était pas la saison des moissons. En deux secondes, j'ai fait le rapprochement avec notre affaire de grain fantôme. Suite aux deux arrestations que j'avais obtenues, il y avait eu beaucoup de mouvement sur les routes. Les autres receleurs, inquiets, devaient chercher à se débarrasser de leur stock de provisions volées. Les deux véhicules avançaient lentement sur le chemin de terre troué de nids-de-poule. Il fallait faire vite. Sans prendre le temps de faire part de mes soupçons à mes compagnons, je me suis levée d'un bond et me suis précipitée au milieu de la route. En me voyant surgir comme une folle dans la lumière de ses phares, le premier camion a stoppé net. Le chauffeur m'a regardée avec les yeux écarquillés. Au bout d'une minute, il a passé sa tête hirsute par la fenêtre.

— Qu'est-ce qui se passe ? Vous avez un problème ?

— Moi ? Aucun. Mais vous, peut-être. Où allez-vous à cette heure tardive avec votre chargement ?

— En quoi ça vous concerne ?

— Dites-moi ce que vous transportez et je vous dirai en quoi ça me concerne.

— Je transporte du riz, pourquoi ?

— Et il vient d'où, ce riz ?

— Je n'ai pas à vous le dire. Poussez-vous du chemin.

— Dites-moi d'abord d'où il vient.

— C'est ridicule. C'est mon riz et je l'emporte au moulin.

— On n'emporte pas son riz au moulin à cette période de l'année. Ce n'est pas la saison des moissons. Personne ici n'a les moyens de stocker son grain pendant aussi longtemps. Et puis je ne connais aucun agriculteur dans le coin qui puisse avoir des récoltes aussi importantes que les tiennes.

— …

— Alors ? J'attends !

C'est à ce moment-là que l'autre homme est descendu du camion par la portière passager. J'ai reconnu l'un des cinq gérants des dépôts d'approvisionnement du district. Cela ne m'a pas étonnée.

— Je sais que ce n'est pas votre riz. Vous l'apportez au moulin pour pouvoir le revendre sur le marché. Je ne vous laisserai pas passer. Nous allons appeler la police. Nous verrons bien alors si ce riz vous appartient.

Les deux hommes me regardaient l'air mauvais. Derrière eux, l'autre chauffeur attendait les instructions. Nous-mêmes n'étions pas nombreux : il y avait mon propriétaire, Jay Prakash et trois voisins. Mais c'était suffisant pour leur bloquer la route. Pour passer, il aurait fallu qu'ils me roulent dessus. Il fallait tenir, le temps que la police arrive. Jay Prakash l'avait appelée du bureau, j'espérais qu'elle ferait vite. Le gérant du dépôt a commencé à m'insulter violemment. Mon cœur battait à cent à l'heure, mais je n'ai pas cédé à l'intimidation.

— Écoute, si tu continues à m'insulter, j'appellerai mon gang à la rescousse. Le Gulabi gang, tu connais ? Nous, nous te connaissons, en tout cas. Je m'en fiche que la police ne nous aide pas. Nous, nous n'hésiterons pas à te botter les fesses.

Tout le monde était mal à l'aise, personne ne bougeait. Plantée au milieu de la route, je me demandais pourquoi la police mettait tant de temps. Le gérant du magasin d'État est devenu très nerveux. Tout à coup, il est remonté dans le camion pour en redescendre aussitôt. Dans sa main, il tenait un pistolet. La main tremblante, il l'a pointé sur mon propriétaire.

— Toi, tu fais partir immédiatement cette femme de là.

— Sinon ?

— Sinon c'est sur toi que je tire.

— Fais ce que tu veux, je ne la toucherai pas.

— Attention, je vais tirer sur elle !

— Je ne te crois pas.

J'avais beau ne pas être très rassurée, j'étais quasiment certaine, moi aussi, qu'il n'oserait pas faire feu devant autant de témoins. La suite m'a donné raison. Nous avons continué à nous affronter du regard pendant longtemps. Des voisins étaient sortis de chez eux pour observer la scène avec curiosité. Il y avait trop de monde désormais pour qu'ils tentent un coup de force. Ce n'est qu'à minuit que la police est arrivée. Les deux agents sont descendus de leur Jeep en traînant les pieds, visiblement énervés d'avoir été dérangés en pleine nuit. Leurs états d'âme ne m'intéressaient pas. Tout ce que je voulais, c'était qu'on en finisse.

— Ces hommes transportent du grain volé au gouvernement. Vous devez les arrêter.

— Qu'est-ce qui vous permet de proférer de telles accusations ?

— Regardez à l'arrière de leur camion tous ces sacs de riz. Je suis sûre qu'ils ne peuvent pas prouver que cette marchandise leur appartient.

L'un des deux agents me regardait bêtement en se grattant le menton. L'autre semblait perplexe, mais il s'est tout de même tourné vers le chauffeur et le gérant pour leur demander leur version des faits.

— Ce qu'elle dit est vrai ?

— Pas du tout, ce riz est à nous !

— Vous êtes agriculteurs ? Montrez-moi le titre de propriété de vos terres.

— Nous ne les avons pas sur nous.

— Hum… Très bien, nous allons éclaircir cette histoire au poste. Donnez-nous les clés de vos véhicules et suivez-nous.

Une demi-heure plus tard, d'autres agents sont venus chercher les camions. Le lendemain, je me suis rendue au bureau du sous-magistrat du district. Je craignais qu'il ne rende le riz saisi sous la pression du gérant. Sous prétexte de m'enquérir de l'avancement de l'enquête, je lui ai fait comprendre que je suivais cette affaire de près et que j'allais continuer la chasse aux receleurs. Dès mon retour à Atarra, j'ai convoqué mon gang.

— Écoutez-moi, ces gredins sont aux abois. Maintenant qu'on a donné un coup de pied dans la fourmilière, ils vont chercher à se débarrasser de leurs stocks. Dès que vous entendez parler de véhicules pleins de sacs en toile de jute, vous m'appelez.

Les femmes étaient postées un peu partout dans

Atarra. Le lendemain matin, à l'aurore, l'une d'elles a donné l'alerte. On lui avait signalé une Jeep chargée à ras bord qui traversait le village. Nous avons eu de la chance : la voiture était stoppée au passage à niveau et le train était très long. Pendant que Babuji saisissait le téléphone pour alerter la police, j'ai couru jusqu'à la voie ferrée. Les barrières n'étaient pas encore relevées. Haletante, je me suis jetée devant le capot de la Jeep en levant la main devant le chauffeur. Ce geste était un ordre : il ne devait pas redémarrer. Abasourdi, le chauffeur m'a apostrophée sur un ton agressif :

— Eh bien quoi ? Pourquoi tu te tiens là devant ma voiture ?

— Tu le vois bien : je t'empêche de passer. Je sais que tu transportes du riz qui ne t'appartient pas.

— Ce n'est pas du riz, c'est du blé, et je dois le livrer à un ashram de Chitrakoot.

— Je me moque que ce soit du riz ou du blé. Et quand bien même tu devrais le livrer au Mahatma Gandhi, je ne bougerais pas. C'est de la marchandise volée, un point c'est tout.

Sur ce, un policier a déboulé au volant d'une autre Jeep. J'étais impressionnée : cette fois, la police n'avait pas traîné. L'agent s'est extirpé de sa voiture de mauvaise grâce.

— Pourquoi m'as-tu fait venir ?

— Pour que vous arrêtiez cet homme. Sa Jeep est bourrée à craquer de sacs de blé volé.

— Comment le sais-tu ?

— Vous n'avez qu'à lui demander ses papiers, vous constaterez que je dis la vérité.

— Bon, ça va, j'embarque tout le monde au bureau du sous-magistrat. Nous verrons bien de quoi il retourne.

Le chauffeur a garé sa Jeep sur le côté de la route avant de monter dans celle du policier. Celui-ci m'a ordonné de les accompagner. Quand nous sommes arrivés à destination, le bureau était fermé : il était encore trop tôt. Résignée à patienter jusqu'à l'heure d'ouverture, je suis allée m'asseoir à l'ombre, sur les marches de l'entrée. Je n'avais pas posé mes fesses qu'une petite voiture grise a surgi de nulle part en faisant crisser les pneus sur les graviers. Quatre hommes en sont sortis en claquant violemment les portières. Ceux-là, manifestement, n'étaient pas des tendres. Chacun d'eux tenait un fusil dans la main : les hommes de main d'un gérant d'un dépôt d'approvisionnement, sans aucun doute. Mais qui avait donc pu les prévenir aussi vite ? Le policier était-il de mèche ? Toujours était-il que ces gars-là ne me voulaient pas du bien. Pour la première fois, je me suis sentie un peu stupide : être partie seule du bureau n'était pas très malin de ma part. Et stopper une Jeep de trafiquant dans le climat actuel était très risqué. N'ayant pas de téléphone portable à l'époque, je ne pouvais même pas appeler mes amis à la rescousse. Quant au policier, il n'avait pas l'air réellement inquiet, mais il était clair que ce n'était pas lui qui allait m'aider. Au moins sa présence me garantissait-elle une certaine protection. Face aux canons de ces bandits, j'ai choisi d'adopter la seule défense possible : l'attaque.

— Vous croyez me faire peur avec vos armes ?

La peur me rendait plus belliqueuse encore et j'ai débité mon petit speech habituel en hurlant.

— Ce grain ne vous appartient pas ! Vous dites que vous l'avez fait pousser. Vous êtes agriculteurs ? Vous avez des terres alors ? Où sont vos titres de propriété ?

Ces salauds se sont regardés en rigolant. Sans même daigner me répondre, ils se sont engouffrés dans leur voiture avec le chauffeur de la Jeep et sont partis sur les chapeaux de roues. Il était évident qu'ils allaient récupérer leur marchandise dans la Jeep garée près de la voie ferrée. À côté de moi, le policier n'a pas réagi. Son flegme m'a rendue hystérique :

— Ne me dis pas que tu vas rester là sans rien faire !

— Faire quoi ? Ils sont partis maintenant.

Il commençait à m'énerver avec son petit ton onctueux. Encore toute retournée d'avoir été braquée, je l'ai houspillé brutalement :

— Mais enfin ! Il faut retourner à la Jeep pour empêcher le chauffeur d'y arriver avant nous ! Dépêche-toi, prête-moi ton téléphone et monte dans la voiture.

Enfin, ce lourdaud s'est installé au volant. Sur le chemin, j'ai composé le numéro de portable du sous-magistrat, que je connaissais par cœur désormais.

— *Namaste*, c'est Sampat Pal à l'appareil.

— Oh non, pas vous !

— Si. Je me trouve en compagnie d'un agent de police. Vous devez venir de toute urgence.

— Une urgence ? Encore ? Et c'est pour quoi cette fois, un sac d'avoine ?

— C'est au sujet d'une Jeep pleine à ras bord de blé du gouvernement. Des hommes armés m'ont menacée, juste devant votre bureau. Ils viennent de partir reprendre leur Jeep. Nous tentons de les devancer.

— Ils vous ont menacée ? Comme c'est étonnant…

— Alors, vous venez ou pas ?

— Écoutez, je suis fatigué que vous m'appeliez pour un oui ou pour un non. Vous nous demandez d'intervenir tous les jours ! Nos services sont surchargés. Nous n'avons pas le temps de nous déplacer chaque fois. Désolé, mais cette fois, vous devrez vous débrouiller toute seule.

Sans l'aval du magistrat, le policier ne pouvait rien faire. J'enrageais. Tant de mauvaise volonté de la part de fonctionnaires de l'État, c'était intolérable ! Tant pis, je comptais bien forcer la main de ces mollassons. Cinq minutes après, nous sommes arrivés à la Jeep. Le chauffeur était déjà là, la main sur la portière. Quand il nous a vus, il a grimacé de colère et coulé un regard en biais vers le policier, comme pour jauger la menace qu'il représentait. Ses quelques minutes d'hésitation ont été suffisantes : après m'être laissée glisser de mon siège sur le sol, je l'ai rejoint en trois enjambées et lui ai arraché ses clés de voiture. Sans lui laisser le temps de réfléchir, je me suis penchée sur un pneu et j'ai dévissé le capuchon pour le dégonfler. Puis j'ai fait de même avec les trois autres, avant de clouer cet imbécile de chauffeur et ce benêt de policier de mon regard triomphal. J'avais gardé le téléphone de l'agent. Des plis de mon *choli*, j'ai sorti mon petit calepin, que je porte toujours serré contre ma poitrine, pour chercher le numéro du journaliste qui m'avait interviewée deux ans plus tôt, au moment de la redistribution des terres du gouvernement. Il a répondu au bout de deux sonneries. Quand je lui ai dit que je bloquais une voiture remplie de marchandises dérobées, j'ai senti son excitation monter d'un cran.

— Ne bougez pas, j'arrive immédiatement !

Le journaliste, qui était en scooter, est arrivé quinze minutes plus tard. Son premier réflexe a été d'inspecter les sacs à l'arrière de la Jeep. Découragé par le mutisme du chauffeur, il s'est tourné vers l'agent de police, sans plus de succès. Tenace, il a alors appelé de son portable le sous-magistrat du district, celui, justement, que j'avais contacté tantôt. Je n'ai pas entendu ce qu'il disait, mais de toute évidence, l'appel du journaliste a produit sur lui son petit effet : il est venu ventre à terre, en faisant de grands mouvements de bras pour se donner de l'importance. C'est qu'un article dans la presse locale mentionnant son incompétence pouvait lui coûter son poste ! L'affaire s'est réglée très rapidement : le sous-magistrat a fait saisir tous les sacs de blé, le reporter a photographié la prise des policiers et tout le monde a quitté les lieux avec le sentiment du devoir accompli. Mais je n'ai pas oublié les mots du sous-magistrat quand il m'a quittée :

— Méfiez-vous, Sampat. Si vous continuez comme ça, vous allez vous faire tuer.

— Et alors ? Des milliers de gens meurent de faim dans votre district. Alors, si je dois mourir pour les sauver, cela vaut le coup, vous ne pensez pas ?

— Si vous le dites…

Pendant tout l'après-midi, j'ai ressassé les événements de la matinée. J'étais très déprimée. La réaction des officiers de police et de l'administration m'avait bouleversée. Ces gens-là n'avaient même pas voulu m'écouter, alors même que j'avais la preuve de ce que j'avançais. La corruption gangrenait tellement tous les services de l'État qu'ils ne prenaient même plus la peine de tenter de l'éradiquer, comme s'ils s'étaient résignés. Mais si eux ne faisaient rien pour combattre le crime, qui le ferait ? Je me sentais si seule, si fatiguée de devoir me battre contre ceux qui auraient dû être mes alliés ; ce soir-là, même Babuji n'est pas parvenu à me consoler.

Le lendemain matin, j'avais repris du poil de la bête. Et dans tous les sens du terme… J'ai organisé chez moi une réunion avec toutes les femmes de la bande. Je leur ai donné rendez-vous le jour suivant devant le bureau. Elles avaient ordre de rameuter le plus de femmes possible, mais aussi tous les chiens qu'elles pourraient trouver. Puis j'ai contacté tous les organes de presse de la région, en les prévenant que le Gulabi gang préparait une manifestation comme il ne s'en était jamais fait, avec une procession… canine ! Le jour J, près de deux cents femmes se sont présentées devant notre permanence. Dans la rue, c'était la foire, aucun véhicule ne pouvait plus passer. La plupart avaient revêtu un sari rose pour l'occasion. Comme prévu, elles n'étaient pas venues seules. Des dizaines de chiens errants se pressaient entre leurs jambes. Elles les avaient attirés avec de la nourriture, le seul moyen de se faire obéir par toutes ces bêtes. Dès mon réveil, j'avais préparé deux grands baquets de peinture rose avec l'aide de Babuji. Nous avons badigeonné les chiens un par un. Quand l'animal se débattait trop, nous le plongions dans la peinture. On en avait partout, mais c'était tellement drôle ! Les femmes étaient surexcitées, il leur tardait de lever le camp. Il restait un dernier détail à régler : une bonne partie de la nuit, j'avais découpé des pancartes en carton sur lesquelles Babuji avait écrit en grosses lettres « police canine d'Atarra ». Au-dessous, il avait ajouté, selon les pancartes, « responsable du poste d'Oraiyya », « responsable du poste de Badausa », etc., en déclinant la formule avec les noms des quatre-vingt-quinze hameaux d'Atarra. Nous avons accroché chacun des écriteaux au cou d'un chien. L'effet était spectaculaire ! Quand le convoi s'est ébranlé, des dizaines de spectateurs nous ont emboîté le pas. Tous les journalistes étaient là, avec leurs caméras et leurs appareils photo. Dans la rue, la foule grossissait à vue d'œil. En entendant tous ces aboiements, les gens sortaient de chez eux pour voir ce qui se passait. Tout le monde était hilare. Au début, les chiens, motivés par quelques galettes de maïs, étaient très disciplinés. Mais au fur et à mesure de notre progression, la meute a commencé à se disperser. Il fallait sans cesse crier sur les bêtes pour les ramener dans le rang. Tout cela causait un joyeux charivari. Sans compter que nous chantions à tue-tête nos slogans concoctés la veille :

« Entendez-vous la rumeur ? Il paraît que le département de la police est plein de puces ! »

« Vous voulez savoir d'où vient tout ce chahut ? C'est le gang des saris roses qui se soulève ! »

« Vous avez envie d'en découdre ? Qui que vous soyez, nous vous réduirons en poussière ! »

Au bout d'une heure, nous avons atteint notre destination : le commissariat de police d'Atarra. Alerté par les clameurs et les jappements qui lui parvenaient par la fenêtre, le chef du service est sorti, très mal à l'aise. Avec une grande humilité, il m'a demandé :

— Pourquoi nous amenez-vous tous ces chiens ?

— Ce sont les nouvelles recrues. Nous leur montrons leur nouvelle affectation.

— Je ne comprends pas.

— C'est simple : lorsqu'on vous appelle pour assurer notre protection, vous ne venez pas. Lorsqu'on vous demande d'arrêter un voleur, vous vous enfuyez en courant. Mais quand on dit à un chien : « Attaque », il attaque. Ces animaux sont bien plus loyaux que vous. Alors nous les avons engagés pour vous remplacer.

— C'est une plaisanterie ?

— Avons-nous l'air de plaisanter ?

Le policier est devenu aussi rose que le pelage des bêtes. Autour, des centaines de curieux le regardaient en se moquant bruyamment. Les journalistes, ravis, ne perdaient pas une miette de cette énorme farce. Ce sont les chiens qui, les premiers, en ont eu plein les pattes.

Les pauvres, ils avaient d'autres chats à fouetter ! Certains tentaient en vain d'arracher les pancartes qui les entravaient. Nous les avons dispersés, mettant un terme à la manifestation. Des plaques de peinture sèche et des bouts de carton mâchouillés jonchaient le sol, comme un dernier hommage laissé aux forces de police, qui se terraient, honteuses, à l'intérieur du bâtiment. Fébriles, les journalistes sont rentrés mettre leur article sous presse. Le souvenir cuisant de cette humiliation publique allait rester gravé dans les esprits pendant longtemps…

11

À la force du bâton

Les policiers n'ont jamais digéré notre petite plaisanterie canine. Depuis cette vexation publique, ils étaient sur les dents. Le fait que mon gang ait continué de traquer les trois autres gérants de dépôts d'approvisionnement n'a pas arrangé les choses. Nous avons poursuivi nos raids, en appelant le sous-magistrat du district une fois que nous avions identifié l'entrepôt suspect. Les policiers étaient excédés, prêts à sauter sur le premier prétexte venu pour nous mettre des bâtons dans les roues. Un jour, une femme chamar, membre de mon gang, est venue me voir à Atarra. La détresse se lisait sur son visage. En quelques mots, elle m'a résumé son problème :

— Mon mari a eu une dispute avec son frère il y a deux semaines. La police est intervenue et les a arrêtés tous les deux. Warari, son frère, travaillait dans un magasin d'État. Le propriétaire du magasin l'a fait libérer aussitôt. Mais il a dit à la police que Barela, mon époux, était le mari d'un membre du gang des saris roses. Résultat : cela fait onze jours que mon mari est en prison. Je suis allée au poste plusieurs fois, mais, chaque fois, on a refusé de me donner de ses nouvelles.

— Très bien, nous allons rendre une petite visite au poste de police.

Sur place, l'agent de service nous a reçues dans son bureau. Je suis rentrée immédiatement dans le vif du sujet :

— Monsieur l'agent, deux hommes ont été arrêtés sous le même chef d'inculpation. Un seul a été relâché. Pouvez-vous nous dire pourquoi l'autre est toujours sous les verrous ?

— Je sais qui vous êtes. Votre numéro de leader charismatique ne m'impressionne pas. Cette histoire ne vous concerne pas.

— C'est ce que nous verrons.

À Atarra, j'ai convoqué une assemblée générale en urgence, pour organiser l'un de nos petits raids au poste de police. L'objectif était simplement de faire un sit-in, jusqu'à obtenir la libération du prisonnier. Toutefois, j'ai conseillé à toutes les femmes d'apporter des cordes et des bâtons. Je n'avais pas l'intention de frapper qui que ce soit, mais, depuis que nous nous étions attaquées aux racketteurs de nourriture, j'avais peur des *goundas*, ces hommes de main employés pour faire les sales besognes. Quatre d'entre eux m'avaient déjà braquée quelques semaines auparavant. Je ne voulais pas me trouver dépourvue en cas d'attaque inopinée. J'ai été bien inspirée. À quelques mètres du poste de police, l'un des gérants des magasins d'État, un homme nommé Ramavtar Tiwari, chez lequel nous avions obtenu une descente de la police, nous a interceptées. En guise d'entrée en matière, sans même prendre la peine de se présenter, il m'a insultée devant ma bande.

— Espèce de sorcière, je vais te faire passer l'envie de nous mettre des bâtons dans les roues.

— Sale voleur, ne m'approche pas.

Ramavtar Tiwari était hors de lui. Armé d'un bâton, il s'est approché et a levé le bras pour me frapper. Instinctivement, j'ai attrapé le bâton qui s'apprêtait à me retomber dessus et j'ai frappé cette brute de toutes mes forces. En apercevant la scène, un officier est sorti en trombe du poste de police. C'était maintenant qu'il se réveillait celui-là ? J'aurais dû me douter que c'était pour porter secours à mon agresseur ! Sans réfléchir plus avant, le policier, un agent nommé Samgam Lal, s'est jeté sur moi pour tenter de me reprendre le bâton. Je l'ai repoussé sans ménagement, en lui écrasant le bout de bois sur la jambe. Il m'avait mise hors de moi. J'ai commencé à cogner dans tous les sens. Spontanément, toutes les femmes qui m'accompagnaient ont rejoint la mêlée avec leurs *lathis*. Les coups pleuvaient sur le policier et le gérant du magasin. Recroquevillés à nos pieds, ils tentaient de se protéger la tête avec leurs bras. À l'intérieur du poste de police, j'ai vu des têtes s'agglutiner aux fenêtres. Pas un seul agent n'a osé sortir pour épauler son collègue. Ramavtar Tiwari et Samgam Lal avaient eu leur compte. J'ai donné l'ordre de cesser les coups. Mais nous restions vigilantes. Nous craignions surtout que le reste des forces de police ne sorte du bâtiment pour fondre sur nous. Nous avions tort : ces imbéciles s'étaient barricadés à l'intérieur ! Sans doute avaient-ils passé quelques coups de fil au début de la bagarre, car, une demi-heure plus tard, les renforts sont arrivés, avec un camion rempli d'officiers, sans doute venus de Banda, le chef-lieu du district. Avec mon gang, nous avons encerclé le véhicule dès qu'il s'est arrêté, et je me suis approchée pour parler aux hommes assis à l'arrière.

— Vous êtes comme nos frères et nos fils, nous n'avons rien contre vous. Nous nous battons seulement contre ceux qui ont volé la nourriture des pauvres et tous ceux qui encouragent la corruption. Regardez, nous ne sommes pas armées, nous n'avions que nos *lathis*, tandis que vous avez des pistolets et des mitraillettes. Franchement, vous ne voulez quand même pas faire un carnage ?

Les policiers de Banda se sont immédiatement rendu compte que nous n'étions pas dangereuses. Le chef du détachement m'a assurée qu'on ne nous ferait aucun mal. Ils sont descendus du camion et se sont tenus tranquilles en attendant la venue du sous-magistrat et du magistrat en chef du district. Ces deux-là sont arrivés à cinq minutes d'intervalle. Tous les deux m'ont tenu le même discours :

— Sampat, pourquoi cet acharnement ? Que cherchez-vous à la fin ? Vous n'en avez pas assez de vous battre tous les jours ?

— Parce que vous croyez que j'ai le choix ?

— Mais pourquoi utiliser des *lathis* ? Vous allez trop loin, ces procédés ne sont pas corrects.

— Ce qui est incorrect, c'est d'être un représentant de l'autorité, de porter l'uniforme et d'être incapable, malgré cela, d'assurer notre protection. Vous ne nous laissez pas le choix. Nos bâtons sont le seul moyen de nous défendre.

— Calmez-vous. Prenons un thé tous ensemble et discutons comme des gens civilisés.

— Je ne boirai pas votre thé. Les politesses sont inutiles avec des gens comme vous. Vous ne faites pas votre travail, alors comment voulez-vous que l'on vous fasse confiance ?

— Vous ne devriez pas vous entêter ainsi. Vous n'allez vous attirer que des ennuis. En attendant, je vais devoir vous inculper. C'est la procédure.

— La procédure ? Et ce policier qui a essayé de me frapper, vous n'allez pas l'inculper ? Cet officier ne mérite pas de porter l'uniforme, vous devez le suspendre.

— Nous verrons cela. Pour l'instant, c'est de vous qu'il s'agit.

On m'a collé sur le dos pas moins de onze chefs d'inculpation. Selon les articles 146, 147, 149, 186, 283, 323, 332, 352, 353, 504 et 506 du Code pénal, je m'étais rendue coupable, entre autres choses, de réunion illégale, de trouble de l'ordre public par soulèvement de la foule en vue de commettre un crime, de provocation d'une émeute, de blessures volontaires, de blessures avec arme, de propos diffamatoires, d'insultes et entrave à un agent dans l'exercice de ses fonctions. Rien que ça ! Trois jours après, j'ai appris que les mêmes charges pesaient sur quarante femmes de mon gang.

L'affaire en est restée là. J'aurais pu croupir en prison en attendant d'être traduite en justice. Mais la vérité, c'est qu'ils n'ont jamais osé m'arrêter. Deux fois, tout de même, j'ai été convoquée au commissariat pour venir signer une déposition et faire une demande de mise en liberté sous caution, en attendant le procès. La première fois, j'ai refusé tout net de suivre le policier qui s'était présenté chez moi pour m'emmener au poste.

— Il faudra me traîner par la force ! Je n'ai commis aucun crime, il est hors de question que je signe quoi que ce soit. Si un jour je dois me rendre au commissariat, ce sera pour que vous me mettiez des guirlandes autour du cou. Et pas de coup fourré : si vous me touchez, je n'hésiterai pas à vous taper dessus avec mes tongs !

Le policier est reparti bredouille et je n'ai plus eu de nouvelles pendant un certain temps. En 2007, quand Kumari Mayawati a été élue Premier ministre de l'Uttar Pradesh, toutes les forces de police ont subi une certaine pression de la part du gouvernement de l'État. Elles étaient sommées de fournir des résultats et de régler les affaires en cours. Un officier m'a rendu visite à nouveau. Cette fois, le ton était plus ferme :

— Nous avons des ordres stricts maintenant. Plusieurs charges pèsent contre vous. Vous devez venir signer votre déposition et votre demande de mise en liberté sous caution.

Je l'ai suivi, je n'avais pas le choix. Au poste, le formulaire n'était pas prêt. On m'a fait patienter toute la nuit sur un banc : pour rien au monde ces idiots n'auraient manqué une occasion de se venger ! Enfin, au petit matin, je suis repartie avec le duplicata. Je devais maintenant attendre d'être convoquée par le tribunal pour mon procès. Cela n'a pas traîné. Lors de l'audience préliminaire, qui avait lieu à Banda, les juges ont ri quand j'ai raconté mon histoire. L'un d'eux, amusé, m'a demandé :

— Mais pourquoi faites-vous tout ça ? Vous vous rendez compte de ce que vous risquez ?

— Je me bats pour la liberté, comme d'autres l'ont

fait avant moi dans ce pays. Et, comme vous le savez, la liberté ne se gagne pas sans combattre.

Voilà, c'était tout. Depuis, j'attends toujours qu'une date soit fixée pour mon procès. Chaque fois, il est repoussé : la justice est très longue, j'en ai peut-être pour des années ! En revanche, la police ne me lâche pas d'une semelle et me suit dans le moindre de mes déplacements. Lorsque j'organise une réunion de femmes, que j'interviens dans un village ou que j'organise la moindre manifestation, je sais que des agents habillés en civil ont pour mission de se mêler à la foule pour épier mes faits et gestes. Je dois ruser pour déjouer leur surveillance. Je conseille toujours aux femmes de mon gang de rester discrètes, de ne jamais se promener seules en sari rose : elles seraient plus vulnérables. Quand nous organisons une opération, nous sortons de chez nous « en civil » nous aussi, autrement dit vêtues de notre tenue de tous les jours. Chacune rejoint le lieu de la manifestation de son côté et nous ne nous changeons qu'au dernier moment. Nous ne pouvons pas nous permettre d'attirer l'attention sans avoir assuré nos arrières. Un sari rose perdu au milieu de la foule serait trop exposé. La police pourrait être tentée de jouer les gros bras pour faire un exemple ; sans compter les hommes, toutes castes confondues, qui voient dans notre uniforme un défi à leur autorité naturelle.

Quant à mon *lathi*, il n'est pas question que je m'en sépare. Je suis une Gadaria, il fait partie de moi. Comme tous les bergers de mon clan, j'ai appris à m'en servir très tôt. C'est de cette façon que je guidais les chèvres dans les champs. Il me servait aussi d'appui dans les pentes escarpées pleines de trous et de rochers. Les hommes, eux, s'entraînaient entre eux au combat. Enfant, je les regardais croiser le bâton avec fascination. Très vite, j'ai cherché à les imiter, en refaisant leurs mouvements dans le vide. À force, je me suis familiarisée avec leurs gestes, soit en tenant le bâton par les deux extrémités pour m'en servir comme d'un bouclier, soit en donnant de grands coups dans l'air. Très tôt, j'ai commencé à faire des démonstrations dans les villages. Il me semblait important qu'une femme connaisse les gestes d'autodéfense les plus élémentaires. À la campagne, le *lathi* est une arme courante, on peut se le procurer facilement, voire le faire soi-même avec une branche taillée. Dès que j'ai constitué mon gang, j'ai multiplié les séances d'entraînement. Les mouvements ne sont pas bien compliqués à assimiler, il suffit d'un peu de pratique pour le manier de façon efficace. Le secret, c'est de viser juste, dans les bras ou les jambes, pour déstabiliser l'adversaire, et de frapper fort, pour éviter que le bâton ne rebondisse et ne vous revienne en pleine figure. Je profite de chaque réunion de femmes pour consacrer quelques dizaines de minutes à son maniement.

Quand nous partons en opération, j'encourage les femmes à le prendre avec elles. Rien de tel pour impressionner nos ennemis. Quand nous débarquons en grappes roses quelque part avec nos bouts de bois à la main, on nous prend tout de suite au sérieux, on nous écoute. Le but n'est pas de rosser les gens pour un oui ou pour un non, mais de nous en servir comme d'une arme de dissuasion. Et puis on ne sait jamais. Beaucoup d'hommes utilisent des *lathis*, y compris les policiers. S'il leur vient à l'idée de s'en servir contre nous, il faut que nous puissions nous défendre. Je ne crois pas en la violence, mais il faut être pragmatique : les femmes ne savent pas se servir de leurs poings, elles sont donc beaucoup plus vulnérables que les hommes. Armées, elles se sentent plus fortes. Heureusement, nous avons rarement fait usage de nos *lathis* et nous n'avons bastonné qu'un seul policier.

Le bâton n'est qu'un dernier recours et n'a jamais tué personne. Ce n'est pas comme un couteau ou un pistolet. Jamais je n'ai prôné la violence pour régler un conflit. Au contraire, j'ai toujours milité pour le dialogue. Je crois sincèrement dans la force de l'idéologie, je me bats avec mes idées, pas avec mon bâton. Quand je cherche à convaincre quelqu'un, je n'hésite pas à parler pendant des heures, en prenant des tas d'exemples pour bien expliquer ce que je veux dire. On ne dirait pas, comme ça, mais je suis très patiente ! Je m'emporte facilement contre un fonctionnaire corrompu, mais j'essaie toujours d'avoir le dessus par la parole. Ce sont mes arguments imparables qui font le plus d'effet, vous pouvez me croire.

Si mon beau-fils, Tirath Pal, avait pu se battre avec des mots, il ne serait sans doute pas en prison aujourd'hui. Ma fille aînée, Prabhawati, a épousé un agriculteur gadaria de Hillee, un petit village reculé situé à quatre-vingts kilomètres au nord d'Atarra. Là-bas, elle vivait dans une immense maison avec son mari, ses beaux-parents, les cinq frères de son beau-père et leurs épouses. Depuis toujours, les relations étaient tendues avec leurs voisins, de puissants brahmanes dont les terres jouxtaient les leurs. Un jour, un buffle, échappant à la surveillance de Tirath, a fait une petite incursion dans le champ du voisin. Le propriétaire brahmane a expulsé l'animal et a déboulé furieux, en hurlant des insultes à mon beau-fils et à son père, lesquels lui ont répondu avec la même grossièreté. Attirés par les cris, les autres membres des deux clans sont arrivés sur les lieux, et ce qui n'était au début qu'un banal litige entre voisins s'est transformé en bataille de chiffonniers. Le lendemain, comme par hasard, c'est le buffle du brahmane qui a pénétré sur les terres de ses voisins. Comme la veille, les hommes des deux familles se sont abreuvés d'injures. Mais cette fois-ci, la dispute a dégénéré en grosse bagarre, au cours de laquelle le brahmane a bousculé le beau-père de ma fille. Celui-ci l'a frappé en retour avec un *lathi*. À ce moment-là, le brahmane a sorti des plis de son pyjama un pistolet et l'a déchargé en direction de la mêlée. Deux buffles se sont écroulés par terre et plusieurs personnes ont été touchées, dont trois voisins qui assistaient à la scène, mais aussi l'oncle et le père de Tirath. Ce dernier a survécu à ses blessures, malheureusement, l'oncle, lui, n'a pas eu cette chance.

La police a ordonné une autopsie. Dès que j'ai appris la nouvelle, j'ai foncé à Hillee pour être auprès de ma fille. Sa belle-famille était bouleversée. Tous les Gadarias du village se sont réunis dans la cour de la maison. Tirath et ses oncles voulaient se venger immédiatement et aller tuer le brahmane. La plupart des hommes les approuvaient. Effrayée par ce que cela impliquait, j'ai tout fait pour tenter de les ramener à la raison.

— Ne commettez pas l'erreur de faire justice vous-mêmes. Vous avez tout à perdre. Soyez patients, laissez la justice suivre son cours.

Avec l'appui de toutes les femmes, ma fille et les tantes de son mari, nous avons réussi à convaincre les hommes de renoncer à leur expédition punitive. Le brahmane a fini par être inculpé. Mais ce n'est jamais allé plus loin, la police n'est même pas venue l'arrêter. Évidemment, nous nous sommes doutés que la famille du coupable avait dû mettre beaucoup d'argent sur la table pour acheter son impunité auprès des forces de l'ordre. Deux ans après, le procès n'avait toujours pas eu lieu. C'est à ce moment-là qu'un *dada* de la région a été assassiné. Il s'est avéré que ce bandit était un parent du voisin brahmane. Quand la police est venue l'interroger, il a lâché le nom de mon beau-fils et de deux de ses oncles, en les soupçonnant d'avoir voulu se venger. Faute d'avoir un autre suspect sous la main, la police les a inculpés tous les trois et les a jetés en prison. En attente de leur procès, ils sont restés sous les verrous, jusqu'au jour où un homme est venu se rendre à la police en avouant qu'il était l'auteur du meurtre : lui aussi voulait se venger du *dada*, qui avait éliminé son père. Blanchis, Tirath et ses oncles ont été enfin libérés. Pas pour longtemps… Le temps avait passé, mais les relations avec les voisins étaient toujours aussi exécrables. Leur clan harcelait continuellement la belle-famille de ma fille. Sur le passage de ses oncles ou de son mari, les insultes fusaient. Tirath, quand il ne labourait pas la terre, tenait également une petite échoppe de graines dans le village. Le brahmane n'arrêtait pas de passer devant pour le provoquer. Parfois, il se contentait de l'injurier. D'autres fois, il s'asseyait en face de lui, en exigeant d'être servi. À plusieurs reprises, mon beau-fils l'a supplié de partir.

— Ne restez pas là. Vous êtes mon ennemi, je refuse de vous parler. Allez acheter votre riz ailleurs, je ne veux pas d'histoires.

Le brahmane se contentait de ricaner en le défiant du regard. Un jour, les oncles, qui travaillaient au champ, ont reçu des pierres sur la tête. Quand ils se sont retournés, ils n'ont vu personne, mais ont entendu des rires qui venaient du champ voisin. Ce soir-là, l'ambiance était électrique chez ma fille. Les oncles parlaient très fort et n'étaient pas d'accord sur la conduite à tenir. Certains disaient que la situation ne pouvait plus durer, qu'il fallait faire quelque chose. D'autres tentaient de calmer le jeu. Désespérées, leurs épouses se sentaient impuissantes. Mon beau-fils, lui, était morose et n'ouvrait pas la bouche. Le lendemain, le brahmane a été retrouvé assassiné. Tirath et ses quatre oncles ont immédiatement été inculpés et écroués. C'était il y a trois ans. Depuis, la police n'a trouvé aucune preuve, mais les quatre hommes ne sont pas ressortis de prison, où ils attendent que la date de leur procès soit fixée.

J'ignore ce qui s'est réellement passé. Tout le monde l'ignore d'ailleurs. Ma fille, elle, croit fermement en l'innocence de son mari. Elle estime que Tirath et ses oncles ayant déjà été accusés injustement dans le passé, il y a de fortes chances pour qu'il s'agisse d'une nouvelle erreur judiciaire. Heureusement, elle n'est pas toute seule pour élever ses quatre enfants, trois garçons et une fille. Mais la vie est dure avec quatre hommes en moins. Le plus jeune oncle de Tirath, un avocat, vit toujours sous leur toit, et les cousins les plus âgés de son mari sont en âge de travailler aux champs. Elle-même gagne un peu d'argent en tant qu'assistante dans une garderie du village. Mais ce n'est pas facile de joindre les deux bouts.

Pour ma part, je ne sais pas quoi penser de tout

ça. Après tout, Tirath est peut-être coupable. Qu'importe, ce drame m'a confortée dans ce que je pensais. La violence engendre la violence. Si nous avions pu faire pression sur ce brahmane avec mon gang, les choses ne seraient sûrement pas allées aussi loin.

12

Une pour toutes, toutes pour une

Il est 17 heures. Le mois de juin est déjà bien avancé et la chaleur est étouffante. Cela fait maintenant deux heures que j'auditionne des femmes venues me raconter leurs malheurs. Toutes attendent patiemment leur tour, accroupies sur leurs talons. Les plus chanceuses ont réussi à se blottir sur les quelques mètres carrés d'ombre que leur offre le porche de mon bureau. Les autres somnolent au soleil, le long du caniveau, comme de petits oisillons tombés de leur nid, ne prenant même pas la peine de chasser les mouches qui s'agglutinent sur leur visage. Elles sont aussi lasses que moi. Ce matin, je suis allée à Rauli pour régler un différend entre deux frères en guerre à cause de la chèvre de l'un qui avait pénétré dans le champ de l'autre. Les mettre d'accord m'a pris plus d'une heure. Au passage, j'en ai profité pour discuter avec le *pradhan* du village de l'avancement d'un projet de puits, pour récupérer l'eau de pluie. Le bonhomme était têtu : on est en pleine sécheresse, les champs n'ont plus d'eau et lui n'arrêtait pas de geindre en prétendant qu'il n'avait pas le temps de s'en occuper ! Au retour, je me suis arrêtée à

Badausa pour voir ma fille Champa, et discuter quelques minutes avec mon mari, occupé à coudre un pantalon. Je suis revenue à Atarra au début de l'après-midi. Trop fatiguée pour me faire à manger, je me suis allongée une heure pour me reposer. Résultat, j'ai à peine eu le temps de grignoter quelques chips. Je prendrais bien un thé au lait, mais la queue des plaignantes est encore longue. Dix-sept heures, c'est l'heure de pointe ! L'estomac gargouillant, je me résigne à patienter encore et fais signe à Babuji d'appeler la suivante. Une femme aux bras aussi fins que des roseaux vient s'asseoir devant moi. Son sari verdâtre, vieilli par des années de soleil, de poussière et de pluie, flotte autour de son corps menu. Elle s'appelle Putulia. Elle a trente ans, mais avec ses yeux enfoncés dans son visage sombre et ses dents gâtées, elle en fait cinquante. C'est la troisième fois qu'elle me rend visite. La première, c'était il y a un mois. Ce jour-là, il y avait tellement de monde que je n'avais pas trouvé le temps de l'écouter. Repartie bredouille, elle est revenue une semaine plus tard. Cette fois, elle avait pu m'exposer son cas.

— *Namaste*, ma sœur.

— *Namaste*. Dis-moi ce qui t'amène.

— Mon mari m'a jetée dehors il y a trois ans et il n'a jamais voulu me reprendre.

— Où vis-tu actuellement ?

— Chez mes parents, à vingt-cinq kilomètres d'ici. Mais ils sont vieux. Un jour, ils vont mourir, et je n'aurai plus personne pour prendre soin de moi. Je n'ai rien, pas de terres, pas de biens, comment vais-je pouvoir survivre ? Mon mari possède des terres, mais il refuse de me donner ma part.

— Tu as des enfants ?

— Aucun, c'est bien le problème. Je me suis mariée quand j'étais encore enfant. Mais je n'ai jamais réussi à mener une grossesse à terme. J'ai fait sept fausses couches. La dernière a été celle de trop. Mon mari a pris toutes mes affaires et les a jetées dans le puits. Et il m'a dit de ne plus jamais revenir.

— Qu'attends-tu de moi ?

— Je suis prête à retourner vivre avec mon mari, ou à ce qu'il me donne un lopin de terre. Quand je suis allée à Carvi il y a quelques semaines pour trouver du travail, on m'a parlé de vous. On m'a dit que vous pouviez m'aider.

— C'est vrai, nous pouvons peut-être faire quelque chose pour toi. Mais je ne peux pas mener ton combat à ta place. Tu dois te battre pour retrouver ta vie. Le Gulabi gang te soutiendra. Veux-tu être des nôtres ?

Cela est un point essentiel. Mon gang n'est pas un bureau d'assistance sociale. Il est important que les femmes le comprennent : nous sommes un groupe solidaire, dont les membres s'entraident. Quand nous secourons une personne, elle doit s'engager en retour, être prête à aider les autres le moment venu. C'est aussi une manière de responsabiliser les victimes. À elles de prendre leur destin en main. Je suis là pour donner l'impulsion, apporter mon soutien moral et accompagner les femmes dans leur démarche, pas pour faire tout le travail pendant qu'elles se tournent les pouces. C'est aussi pour cette raison que j'ai fixé un tarif d'entrée. Devenir membre coûte 100 roupies. La nouvelle adhérente doit encore verser 50 roupies supplémentaires pour acheter son sari rose. Si une femme n'a pas les moyens de s'acquitter de cette somme, je transige. Elle pourra toujours payer plus tard. Quant au sari, ce n'est pas une obligation. Souvent, pourtant, c'est la femme elle-même qui insiste pour se le procurer le plus rapidement possible. Cet uniforme la rassure, il lui donne le sentiment d'appartenir à une communauté. Les cotisations permettent également de couvrir les frais de fonctionnement du groupe. Je ne touche aucun salaire pour mon travail, je donne mon temps gratuitement, sans percevoir aucune aide du gouvernement. Mais il faut tout de même que je paie mes frais de transport, les factures de mon téléphone portable, les photocopies des plaintes. Je ne leur demande pas la charité !

Évidemment, dans certains cas, la question ne se pose pas. Parfois, des femmes arrivent dans un état de détresse absolue. Il faut alors agir dans l'urgence. Je ne peux pas refuser mon aide à une personne au bord du gouffre et dont la vie est en danger. Il y a dix jours, par exemple, alors que je rentrais à Atarra très tôt le matin après avoir passé la nuit à Badausa, j'ai découvert sur le pas de ma porte une femme visiblement très mal en point. Elle avait la tête couverte d'un bandage ensanglanté. Quand elle m'a vue, elle s'est agenouillée devant moi en éclatant en sanglots.

— Relève-toi, ma sœur. Explique-moi ce qui t'arrive.

— Je suis blessée à la tête, on m'a frappée, les médecins ont refusé de me soigner.

Ses propos étaient décousus. Elle reniflait si fort que j'ai dû l'interrompre.

— Calme-toi, je ne comprends rien. Viens t'asseoir sous le porche. Je vais commander du thé et je reviens.

Je l'ai installée sur une natte, j'ai hélé un gamin dans la rue pour qu'il nous rapporte deux *tchaï* de l'échoppe d'en face, puis je me suis installée en face d'elle.

— Vas-y maintenant. Dis-moi d'abord comment tu t'appelles.

— Gita.

— Très bien, Gita, raconte-moi tout depuis le début.

— J'habite Orun, à vingt kilomètres d'ici. Hier après-midi, Pushna, ma voisine, a débarqué chez moi en hurlant comme une folle. Elle m'a insultée et m'a accusée d'être une traînée. À l'entendre, je couchais avec son mari.

— Et c'est vrai ?

— Non, je vous jure que non ! Son mari est beaucoup plus âgé que moi, il ne m'intéresse pas du tout. Il est juste très gentil avec moi, il m'appelle « ma fille ». Il donne parfois des petits cadeaux à mon fils. Pushna a dit que ce n'était pas un hasard si son mari préférait jouer avec mon fils qu'avec le sien, mais qu'est-ce que j'y peux ?

— Et ensuite, que s'est-il passé ?

— Elle m'a frappé le crâne avec une pierre. Je pissais le sang, je ne voyais plus rien. Pushna a eu peur et elle s'est enfuie.

— Tu étais seule ?

— Mon mari n'était pas à la maison. Je me suis précipitée chez le docteur, mais il a refusé de me soigner. Il m'a expulsée de son cabinet en disant que j'étais trop pauvre pour le payer et qu'il ne soignait pas les Cahar.

Dans les villages, les Cahar sont ceux qui remontent l'eau du puits et remplissent les gobelets et les seaux des habitants. C'est une sous caste d'intouchables particulièrement méprisée. Beaucoup refusent d'avoir le moindre contact avec eux.

— C'était un cabinet privé ? Pourquoi n'es-tu pas allée à l'hôpital public ?

— C'était trop loin, j'étais paniquée, je n'ai pas réfléchi.

— Et après, tu as fait quoi ?

— Je suis allée au poste de police pour porter

plainte. L'agent qui m'a reçue a exigé de l'argent pour remplir le formulaire. Je lui ai dit que j'étais trop pauvre pour ça. Alors, il a vociféré que je n'avais rien à faire là, que j'avais bien cherché ce qui m'était arrivé, et il m'a ordonné de déguerpir. Je ne savais pas quoi faire, je n'avais plus toute ma tête. Je suis retournée à la maison, où mon mari avait fini par rentrer. C'est lui qui m'a suggéré d'aller vous voir. Comme nous n'avions pas assez d'argent pour payer le bus, il est allé emprunter 40 roupies à un voisin. Nous avons pris un *tempo*, un taxi collectif, pour venir à Atarra. Quand nous sommes arrivés, il faisait nuit et votre bureau était fermé. Nous avons donc passé la nuit devant votre porte à vous attendre.

— Où est votre mari ?

— Il est parti à votre recherche, il ne va sans doute pas tarder à revenir.

— Donc vous ne vous êtes toujours pas fait soigner ?

— Non, je voulais vous consulter d'abord.

— Vous tenez le coup ?

— Ça va, mais ma tête me lance horriblement.

— Très bien. Dès que votre mari sera revenu, il vous conduira à l'hôpital public de Bisanda. Ça fait loin d'ici, mais c'est l'hôpital le plus proche de chez vous. Ce sont eux qui doivent vous soigner. Je veux être sûre qu'ils feront bien leur travail. S'ils refusent de vous examiner, vous n'aurez qu'à m'appeler et je viendrai immédiatement.

Gita a suivi mes instructions. Dès que son mari est revenu, ils sont partis à l'hôpital. Tout ce qu'il me restait à faire, c'était d'attendre qu'ils me donnent des nouvelles. Si l'hôpital ne les accueillait pas convenablement, j'appellerais alors le sous-magistrat du district. C'est incroyable comme un simple coup de fil peut débloquer les situations les plus désespérées ! Aujourd'hui, tous les sous-magistrats des environs me connaissent. Ils ont l'habitude, les pauvres. Chaque fois qu'ils décrochent le combiné et qu'ils entendent : « *Namaste*, c'est Sampat Pal, je dois vous parler de quelque chose », ils doivent lever les yeux au ciel ! Je m'en moque. Je ne leur demande pas de m'aimer. L'important, c'est qu'ils m'écoutent. À force d'étudier mes réclamations les plus diverses, ils ont fini par comprendre l'objet de ma démarche. Ce qui ne veut pas dire qu'il est facile de les convaincre. Avec les policiers, c'est beaucoup plus simple : ils me craignent ! Pendant longtemps, ils ont essayé de m'extorquer de l'argent quand je venais accompagner une plaignante. Désormais, ils savent que je ne leur donnerai pas la moindre roupie. Ils savent aussi que je suis prête à occuper leur trottoir pendant des heures avec des dizaines de femmes pour obtenir gain de cause. Alors ils y réfléchissent à deux fois avant de m'envoyer balader. On peut même dire qu'ils me respectent. Certains ont une véritable estime pour le travail que j'accomplis. Ils savent que je n'ai rien contre eux, que je cherche juste à désamorcer les problèmes avant qu'ils ne dégénèrent. D'une certaine façon, je leur rends service. Quand il y a une dispute de voisinage, j'essaie toujours de résoudre le conflit avec les personnes directement concernées. Je tente de convaincre les gens qu'il est inutile de recourir à l'arbitrage de la police. Une querelle de famille se règle en famille, un démêlé entre voisins ne regarde que les voisins. Pas de police, pas de pot-de-vin ! Pour les plaignants, cela revient moins cher et, pour la police, cela fait moins de travail. Bref, tout le monde est gagnant.

Gita n'a pas tardé à se manifester à nouveau. À l'hôpital, elle n'avait pas été correctement soignée, les médecins avaient bien examiné sa plaie sur la tête, mais avaient prétendu qu'elle ne nécessitait pas de points de suture. Gita a donc contacté les membres de mon gang, à Orun, qui lui ont conseillé de retourner à l'hôpital. Cette fois, une dizaine de mes femmes l'ont escortée et Gita a fini par se faire recoudre. Jamais, pourtant, elle ne m'a rappelée pour me remercier ou simplement donner des nouvelles. Si elle l'avait fait, je l'aurais accompagnée au poste de police. Je serais venue avec quelques femmes, histoire de faire pression. Et je peux vous assurer qu'ils l'auraient enregistrée, sa plainte. Mais Gita n'a plus jamais donné signe de vie. Sans doute a-t-elle estimé qu'elle n'avait plus besoin de moi. Cela arrive souvent : les femmes auxquelles j'offre mes services oublient le Gulabi gang sitôt leurs soucis envolés ! Cette attitude égoïste ne fera jamais avancer les choses. Peut-être refera-t-elle surface un de ces jours, mais une chose est sûre : si elle requiert à nouveau mon aide, si elle réclame ma protection à plus long terme, parce que sa voisine Pushna continue de la harceler par exemple, il faudra qu'elle fasse preuve de bonne volonté et qu'elle s'engage à nos côtés.

Pour en revenir à Putulia, en revanche, il n'y avait pas urgence. J'avais le temps de mener mon enquête. C'est toujours ainsi que je procède, je n'accepte jamais une affaire avant de savoir de quoi il retourne exactement. La première chose que j'ai faite quand elle a quitté mon bureau après sa deuxième visite, c'est appeler le *pradhan* de son village pour qu'il me confirme sa version des faits. Ce coup de téléphone a suffi, semble-t-il, à débloquer la situation. Quelques jours plus tard, le *pradhan* m'a rappelée. Il avait parlé aux parents, lesquels se déclaraient prêts à reprendre leur belle-fille chez eux. Cette déclaration pétrie de bonnes intentions ne me suffisait pas. J'ai donc exigé de les rencontrer, afin de m'assurer de leur bonne foi. Ils ont accepté, empruntant un *tempo* collectif pour parcourir les vingt-cinq kilomètres jusqu'à Atarra. Ils se sont présentés devant moi la tête basse et m'ont touché les pieds en guise de respect. Je suis restée polie, mais ferme.

— C'est vrai que vous acceptez que Putulia revienne vivre sous votre toit ?

— C'est vrai, oui, nous l'accueillerons avec plaisir.

— Je suppose que c'est aussi avec plaisir que vous l'avez mise dehors il y a trois ans ?

— C'est un malentendu, notre fils s'est simplement un peu énervé.

— Un peu ? Il devait quand même être bien énervé pour l'avoir ignorée pendant trois ans !

— Il faut le comprendre, sa femme était incapable de lui donner des enfants.

— Et alors ? Est-ce une raison pour la jeter dans la rue comme une moins-que-rien ?

— Non, bien sûr, mais ne pas avoir d'enfants, c'est terrible…

— C'est encore plus terrible de manquer de respect à son épouse. S'il ne l'avait pas épousée si jeune, elle n'aurait peut-être pas eu tous ces problèmes.

— …

— Très bien, je veux bien vous croire. Mais je vérifierai que vous avez tenu parole.

— Nous tiendrons parole, il n'y aura pas de problème.

J'espère que le message est passé. Assise en face de moi, Putulia me regarde avec des yeux angoissés. Si elle est revenue me voir pour la troisième fois, c'est justement pour savoir si j'avais obtenu des résultats.

Elle ignore encore que je me suis entretenue avec ses beaux-parents.

— J'ai une bonne nouvelle pour toi. Ton mari accepte de te reprendre.

— C'est sûr ?

— Tout à fait, ses parents me l'ont confirmé. Tu peux réemménager là-bas quand tu veux. Je te rendrai visite dans quelque temps.

— C'est merveilleux ! Sans vous, je ne sais pas comment j'aurais fait. Je ne sais pas comment vous remercier.

— C'est facile. Tu veux toujours devenir membre du Gulabi gang ?

— Plus que jamais.

— Alors, bienvenue parmi nous. Un jour, on te demandera sûrement de venir en aide à l'une d'entre nous.

— Je ferai tout ce que vous voudrez. Merci encore…

Aujourd'hui, elle a l'air sincère. Nous verrons si sa reconnaissance résistera aux prochains mois. Les femmes sont plus solidaires que les hommes, mais il faut sans cesse les remotiver. Je passe ma vie pendue au téléphone. Quand je n'appelle pas un magistrat, un *pradhan* ou un agent de police, j'appelle les membres de ma bande. Dans chaque village où mon gang est implanté, une femme fait plus ou moins office de chef de section. Ces têtes de pont m'appellent régulièrement pour me parler des cas intéressants. Pour les plus simples, elles s'en chargent elles-mêmes. Enfin… en théorie. Prenez Gita, la femme frappée à la tête par sa voisine jalouse : alors que je compte une vingtaine de membres dans son village, cette Gita n'a même pas eu l'idée de les contacter avant de parcourir les vingt-cinq kilomètres jusqu'à Atarra. C'est stupide : si elle s'était adressée à l'une des femmes de mon antenne locale, elle lui aurait conseillé la même chose que moi. C'est ainsi, les femmes préfèrent me voir en personne. Sans doute parce que les saris roses de leur village sont moins actifs que dans d'autres. Cela rend mon organisation très compliquée à gérer. Il est difficile de trouver des femmes qui acceptent de s'impliquer davantage et de prendre des responsabilités. Cela exige une certaine abnégation. Je choisis des collaboratrices qui ne travaillent pas pour l'argent, qui ne sont intéressées que par le résultat lui-même. Si je veux pouvoir m'appuyer sur elles, il faut qu'elles fassent preuve d'autonomie, qu'elles puissent prendre des initiatives. Le pire, c'est que j'ai moi-même du mal à déléguer. Résultat : je suis sollicitée en permanence et suis submergée par les demandes. Si je venais à disparaître, qu'adviendrait-il de mon gang ? Aujourd'hui, il compte des milliers de membres dans la région du Bundelkhand, dans le sud de l'Uttar Pradesh, sur un périmètre de cent kilomètres carrés autour de Banda, le chef-lieu du district. Difficile de connaître le nombre exact : je ne tiens aucun registre. Je garde seulement les talons d'inscription des membres qui ont payé leur cotisation. Mais cela ne vaut que pour la dernière année, car, auparavant, je ne faisais pas payer de droit d'entrée.

Le problème, c'est que je ne fais confiance à personne. Jamais je n'ai décelé les qualités d'un bras droit parmi les membres de mon gang, même chez les plus passionnées. Sans doute suis-je trop exigeante. Mais je ne peux pas me permettre de me tromper. Dans ma position, la moindre erreur pourrait être fatale. Je compte de nombreux ennemis, et pas seulement parmi les policiers et les agents de l'administration. Dans chaque village, il y a au moins un riche propriétaire thakur ou un puissant brahmane qui rêve de m'étrangler ! Tous ceux qui se battent contre l'injustice sont en danger. Malheureusement, même leurs plus proches collaborateurs sont corruptibles. Je sais que je ne suis pas à l'abri d'une trahison au sein de mon organisation. Comment résister à des milliers de roupies quand on en gagne quelques centaines à l'année ? Trop de leaders ont été perdus à cause d'un délateur dans leur entourage. Regardez Dadua, ce célèbre *dacoït* de la région : le gouvernement a cherché à l'attraper pendant des années et, finalement, c'est son bras droit, son meilleur ami, qui l'a livré à la police. C'est pourquoi j'essaie de limiter les risques. Quand je dois me déplacer seule, je préviens le moins de personnes possible. Autour de moi, je ne précise jamais non plus où je vais et, lorsque je fixe un rendez-vous, j'évite de donner une heure précise. Même Babuji ne connaît pas mon emploi du temps à l'avance. Une embuscade est si vite arrivée… Attention ! Je n'ai pas peur, je prends simplement des précautions. Nul ne peut empêcher ce qui doit arriver.

Ces précautions sont le prix à payer quand on est chef de gang. Elles sont largement compensées par la satisfaction du devoir accompli. En deux ans, les mentalités ont commencé à évoluer dans les villages où le gang est implanté. Chaque jour, chaque nouveau cas traité me permet de mesurer le chemin parcouru. Le regard des hommes sur notre organisation a changé aussi. Quand nous manifestons à plusieurs avec nos saris roses, je vois bien que les gens sont impressionnés. Notre capacité à nous unir pour défendre une cause les fait réfléchir. Je crois sincèrement que les femmes, si elles sont soudées, peuvent changer le monde. Elles sont naturellement solidaires, une qualité essentielle pour créer un mouvement de masse. La preuve, c'est qu'on vient de plus en plus loin pour me proposer de créer de nouveaux groupes de saris roses. Ma fille aînée, qui vit à quatre-vingts kilomètres d'Atarra, m'a dit que plusieurs de ses voisines lui avaient demandé de les aider à s'organiser. Je suis sûre que mes filles suivront ma trace un jour ou l'autre. Le même sang coule dans nos veines, elles aussi se battront pour des causes sociales. Toutes donnent déjà des cours de couture. C'est un début... Récemment, même des *pradhans* et des responsables d'ONG sont venues me consulter, dans l'idée d'organiser les femmes sur le même modèle que mon gang. Pour l'instant, étendre ma zone d'influence n'est pas ma priorité. Il reste tant à faire pour consolider le réseau existant.

13

Le *Mahâbhârata*, épopée machiste

— Comment t'appelles-tu ?
— Rama Bai.
— Parle plus fort, je ne t'entends pas.
— Je m'appelle Rama Bai.
— Quel âge as-tu ?
— Vingt-deux ans.
— Rama Bai, qu'est-ce qui t'amène ?
— Mon mari m'a jetée dehors. Je n'ai nulle part où aller.

Et voilà, encore une. Des filles comme elle, j'en vois défiler tous les jours. Elles débarquent de partout à pied, en charrette ou à l'arrière d'un scooter. Parfois, elles ont voyagé toute la journée pour venir me voir. Chaque fois, c'est la même chose : leur mari les a congédiées, comme si elles n'étaient rien. Parce qu'elles étaient infécondes ou paresseuses, parce que leur dot était insuffisante, ou parce qu'elles n'étaient pas fichues d'accoucher d'un fils.

Celle-là est arrivée à mon bureau en fin d'après-midi. Elle a attendu son tour pendant plus de trois heures, assise sur les talons, le visage dans les genoux. On aurait dit qu'elle avait pris racine dans le béton. Quand je l'ai appelée, elle n'a pas répondu tout de suite. Sans doute s'était-elle assoupie. Elle s'est levée avec lenteur, s'est rapprochée, hésitante, et s'est accroupie en face de moi, le front recouvert d'un bout de sari poussiéreux.

Elle n'a pas l'air causante. Elle répond du bout des lèvres. L'épuisement, sans doute. J'ai l'habitude, mais je dois en savoir plus.

— Pourquoi ton mari t'a-t-il jetée dehors ?

— Je suis enceinte. L'échographie a révélé que j'attendais une fille. J'en ai déjà deux. Mon mari veut un fils. Il a exigé que j'avorte. Je lui ai dit que je voulais garder le bébé. Il m'a frappée plusieurs fois, mais j'ai tenu bon. Alors il m'a prise par les cheveux et m'a mise à la porte. Depuis, je n'ai rien mangé et je dors sur les routes.

— Quand est-ce que ça s'est passé ?

— Il y a trois jours.

Trois jours… Mon réseau a beau être étendu, les informations mettent parfois du temps à remonter. Twedi, le village de Rama Bai, n'est pourtant qu'à dix kilomètres d'Atarra. Quand les femmes de mon gang ont rencontré Rama Bai, elle errait sur les routes avec un regard de folle. Ce sont elles qui l'ont escortée jusqu'à mon bureau. J'invite la malheureuse à se reposer sur une natte pour la nuit. Puis je passe quelques coups de fil sur mon portable. Le lendemain matin, quand je me réveille, une vingtaine de femmes en sari rose sont sur le pied de guerre devant ma porte. Le soleil est déjà haut dans le ciel : il est temps de partir. Rama Bai, bien entendu, fait partie de l'expédition. Un chauffeur accepte de nous faire monter à l'arrière de son camion. Pendant une demi-heure, nous chantons pour nous motiver.

— Gulabi gang ! Gulabi gang ! Attention, nous voilà ! Vous n'avez qu'à bien vous tenir, car le Gulabi gang vaincra !

Enfin, nous atteignons Twedi. Notre arrivée est remarquée. Rama Bai prend la tête de la procession à mes côtés, pour nous montrer le chemin. En nous voyant passer, les habitants fébriles s'empressent de nous emboîter le pas. Nous arrivons en vue de la maison. Au premier abord, il n'y pas âme qui vive. Devant la porte, nous appelons le mari par son prénom.

— Lakka, sors de chez toi ! Nous devons te parler de toute urgence !

— …

— Lakka ! Où te caches-tu ? Tu as peur de t'expliquer ou quoi ?

Au bout de quelques minutes, les beaux-parents de Rama Bai pointent timidement le bout de leur nez. Ils sont tétanisés. D'un geste de la tête, ils nous montrent l'étable voisine. Nous comprenons que notre lascar se cache avec son bétail. Sa lâcheté attise davantage notre colère. Nous nous ruons dans l'étable. Le misérable se terre dans la paille, au milieu des vaches. Furieuses, nous nous abattons sur lui comme un essaim d'abeilles. Nous l'agrippons par ses vêtements et le traînons à l'extérieur en quelques secondes. Prostré par terre, Lakka implore notre clémence en gémissant comme un enfant. Croit-il nous émouvoir ? Pauvre fou ! Nous rouons de coups le mari indigne avec un acharnement méthodique. Nous connaissons notre affaire. Des brutes de son espèce, nous en avons fait plier avant lui.

— Pitié ! Laissez-moi ! Je n'ai rien fait !

— Pitié ? Quelle pitié ? Tu en as eu de la pitié quand tu as jeté la mère de tes enfants dans la rue comme une chienne ?

— C'est un malentendu, arrêtez ! Je jure que je vais tout vous expliquer !

Sur mon ordre, les coups cessent. Lakka a eu ce qu'il méritait. Maintenant, on peut parler. Lakka, complètement sonné, nous regarde d'un air hébété.

— Alors, tu vas la reprendre chez toi ?

— Oui, bien sûr.

— Dis-le, je veux l'entendre de ta bouche.

— Oui, elle peut rentrer sur-le-champ si elle le souhaite.

— Tu la laisseras tranquille dorénavant ?

— Oui, tout ce que vous voudrez.

— Demande-lui pardon maintenant.

— Pardon, Rama Bai.

— Baise-lui les pieds pour lui montrer ton respect.

— Tout de suite, madame, tout de suite.

Je crois que ce Lakka a compris. Ma bande plie bagage. L'opération n'a pris que quelques heures. Par sûreté, je rends visite à Rama Bai à deux reprises au cours des jours suivants. J'en profite pour discuter plus calmement avec ce pauvre Lakka, lui rappelant que prendre la vie d'un fœtus est un crime, puni par la loi. Il grommelle un peu, mais il finit par hocher la tête. C'est bon, il s'est enfin résigné à l'idée d'avoir une autre fille.

Aux dernières nouvelles, Rama Bai coule toujours des jours paisibles avec son mari. Sa troisième fille est, m'a-t-on dit, encore plus jolie que les deux premières. Mais des Lakka, il y en a tellement. En Inde, il est choquant de voir autant de femmes si démunies devant la brutalité des hommes, de constater à quel point la société leur a ôté le simple droit à la dignité. Les femmes sont battues, abandonnées, exploitées par leur belle-mère, ruinées par un mari qui dilapide l'argent du ménage dans le jeu, l'alcool ou la marijuana, escroquées par des fonctionnaires peu scrupuleux sous prétexte qu'elles ne savent pas lire, violées en toute impunité, méprisées par les policiers qui refusent d'enregistrer leurs plaintes. Et pourtant, sans les femmes, que seraient les hommes ?

Je vais vous raconter une très vieille histoire qui m'a fait beaucoup réfléchir. Elle est tirée du *Mahâbhârata*, le grand poème épique fondateur de l'hindouisme[1]. Il y a plus de quatre mille ans, deux frères, le roi Pandu et son aîné Dhritarâshtra, aveugle de naissance, se disputaient le pouvoir. Le premier avait cinq fils, lesquels avaient la particularité d'être mariés à la même femme, Draupadi. Le deuxième avait cent enfants. Ces deux branches royales, que l'on appelait les Pandava et les Kaurava, ne manquaient pas une occasion de s'affronter. Un jour, les cent cinq cousins ont joué aux dés tous ensemble. Face aux cent Kaurava, les cinq fils de Pandu ont misé leur empire et l'ont perdu. Alors, ils ont mis en gage leur femme, Draupadi, et l'ont perdue aussi. Duryodhana, l'aîné des Kaurava, a exigé qu'on lui amène Draupadi sur-le-champ dans la salle du trône. Pour humilier les perdants, qui assistaient à la scène impuissants et furieux, il a exigé que leur femme se déshabille devant la cour. Comme Draupadi refusait de s'exécuter, il a lui-même attrapé le bout de son sari et tiré dessus. Au fur et à mesure qu'il le déroulait, la malheureuse priait en fermant les yeux, implorant Dieu de sauver son honneur. Celui-ci l'a entendue : Duryodhana a eu beau tirer, le sari ne semblait pas avoir de fin ; il a continué, jusqu'à ce qu'il se retrouve empêtré dans des

1. Le *Mahâbhârata* est l'équivalent de la Bible pour les hindous.

kilomètres de tissu. En vain… Fou de rage, il a baissé les bras. L'honneur de Draupadi était sauf. Mais pas celui des Kaurava, qui n'avaient pu « consommer » leur butin, ni celui des Pandava, perdants mortifiés par la honte. Quand leurs adversaires, qui leur avaient déjà tout pris, leur ont proposé une dernière partie de dés, ces fous de Pandava ont accepté sans réfléchir. Les perdants devaient s'exiler dans la jungle pendant douze ans et vagabonder une treizième année en portant un masque, de façon que personne ne les reconnaisse. Au terme de cette longue errance, ils regagneraient leur royaume perdu. Les Kaurava avaient pipé les dés. Comme prévu, ils ont remporté cette ultime partie. Respectant les termes du contrat, les Pandava ont enfilé des habits de mendiants et ont quitté la cour, sans se retourner. Quand les cinq frères sont revenus, treize ans plus tard, Duryodhana a refusé de leur rendre leur empire. C'est ainsi que s'est engagée la grande bataille du *Mahâbhârata*, une guerre effroyable au terme de laquelle les cent frères Kaurava ont trouvé la mort et où tout a été détruit.

Et voilà, même au commencement de tout, il y avait une femme. Elle était l'enjeu central, des milliers d'hommes se sont entretués pour elle. Tout ça pour quoi ? En réalité, ni les Pandava, qui l'ont jouée aux dés comme un vulgaire cheval, ni les Kaurava, qui voulaient qu'elle leur appartienne, ne l'ont respectée. C'était une affaire de pouvoir avant tout. Quatre mille ans plus tard, les hommes n'ont pas changé : ils sont tyranniques, veulent tout contrôler et imposer leur loi dominatrice, alors même qu'ils sont faibles et pleins de vices. Ils jouent leur salaire aux dés, boivent de l'alcool, fument de la marijuana et battent leur femme sous l'emprise de ces drogues. Pire ! Beaucoup partent chercher du travail dans les villes. Ils y restent des mois, le temps de leur mission. Pendant ce temps, ils se soûlent pour oublier leur solitude, couchent avec des prostituées et rapportent des maladies quand ils rentrent enfin chez eux. C'est de cette façon que le sida a commencé à s'étendre dans les campagnes.

De façon générale, je suis contre toutes les pratiques addictives. Je ne bois pas d'alcool, ne fume pas d'herbe, pas de *bidis* non plus. C'est vrai, j'adore mâcher des noix de bétel : c'est mauvais pour les dents, mais cela ne donne pas le cancer… sauf si l'on met du tabac avec, ce qui n'est pas mon cas. Mon obsession, c'est de garder le contrôle en toutes circonstances. C'est pour moi le signe d'une grande force morale. Les hommes sont incapables de contrôler leurs désirs. Dès qu'ils en ont envie, ils couchent avec leur femme, sans se préoccuper de savoir si elle en a envie, sans se soucier du risque de fécondation. Cela donne des familles d'au moins six ou sept enfants, autant de bouches à nourrir par des parents qui vivent déjà dans des conditions misérables.

Je sais, je suis la première à m'emporter. Quand je suis en colère, on peut me donner les meilleurs conseils du monde, je n'écoute plus, je deviens butée. Mais après, je réfléchis à ce qu'on m'a dit et je reprends vite le dessus. Si je n'étais pas parvenue à brider mon tempérament, si je n'avais pas la tête sur les épaules, cela fait longtemps que j'aurais quitté mon mari ! Au début de notre mariage, mon mari fumait de la *ganja*. Quand nous sommes arrivés à Badausa, au moment où il s'est retrouvé désœuvré, il tirait sur sa pipe toute la journée. Il restait là, hébété, assis dans la cour de la maison sans rien faire. C'est moi qui l'ai forcé à arrêter. Il s'abîmait la santé… Je ne supportais plus ses yeux vitreux et son apathie constante. Je l'ai toujours poussé à se remuer un peu. Très souvent, nous nous sommes disputés parce qu'il ne voulait pas travailler. À l'époque, c'est moi qui rapportais l'argent à la maison, moi qui entretenais notre famille et m'occupais des enfants, de la cuisine, de la maison. Moi encore qui gardais le contact avec les membres de sa famille, en les invitant ou en leur rendant visite. Pourtant, Munni Lal ne manquait jamais une occasion de se présenter comme le chef de famille !

C'est tout le paradoxe de cette société masculine et si humiliante pour les femmes : elles sont méprisées, reléguées à un statut inférieur et, pourtant, ce sont elles qui portent la culotte. Elles s'occupent de tout : la cuisine, les enfants, le ménage, les lessives et les comptes du ménage. Quand j'étais enfant, c'était Dai, ma grand-mère, qui commandait à la maison. À Rauli, personne ne discutait les ordres de ma belle-mère, même pas mon beau-père : ce pleutre m'a imposé le mariage de mes filles, mais il n'osait pas élever la voix contre sa propre femme. Les hommes ne sont courageux qu'en apparence. En réalité, ce ne sont que des lâches. La plupart sont égoïstes et n'agissent que pour servir leurs propres intérêts ; ils ne se mettent au service d'aucune idéologie et ne s'engagent pour aucune cause. Mon mari, par exemple, approuve mon travail et me soutient moralement ; en revanche, il refuse de s'impliquer davantage. Il prétend que c'est parce qu'il est un homme simple, incapable de prendre des initiatives. À l'en croire, il n'attend qu'une chose, c'est que je lui dise quoi faire. Quelle mauvaise foi ! Quand je lui demande de m'accompagner dans mon village, il trouve toujours un prétexte pour ne pas venir. En fait, il ne s'intéresse pas vraiment à mon travail, ce que je fais le dépasse.

Jay Prakash est différent. Quand je l'ai rencontré, il ne fumait pas, ne buvait pas non plus. J'ai découvert un homme profondément honnête, avec de grandes idées de justice sociale. Le hic, c'est qu'il est incapable de les mettre en œuvre tout seul. Il est comme un diamant brut, qui a besoin d'être taillé et dont seul le joaillier connaît la véritable valeur. Des joailliers comme moi, des femmes qui n'hésitent pas à braver l'interdit social en travaillant avec un homme toute la journée, on n'en trouve pas beaucoup. Jay Prakash a de la chance de m'avoir. Moi aussi, j'ai de la chance. Nous sommes des âmes sœurs, notre partenariat est celui de l'aveugle et de l'estropié : nous avons besoin l'un de l'autre. Il est mes yeux, je suis sa voix. Il est celui qui réfléchit, moi, celle qui agit. Et puis il a la chance d'avoir fait des études. C'est Babuji qui rédige les plaintes quand il faut accompagner une femme au poste de police, lui qui écrit les pétitions que nous adressons parfois au gouvernement. Il gère toute la paperasserie du gang, tient les comptes des cotisations des nouveaux membres, me lit mon courrier. Pour ma part, avec mes problèmes de vue, j'ai abandonné tout espoir de me remettre à la lecture. Parfois, Babuji me reproche de ne pas lui faire confiance. Tout ça parce que, quand il me demande de signer un document, je vérifie toujours auprès d'une tierce personne ce qui est écrit sur la feuille. Cela n'a rien à voir avec de la méfiance, c'est simplement une question de principe. Je le répète sans arrêt aux femmes illettrées :

— Ne signez jamais un document sans l'avoir fait lire auparavant par quelqu'un d'autre. Le fait que vous ne sachiez ni lire ni écrire n'est pas une excuse.

Si besoin, Babuji m'escorte également, notamment quand nous allons manifester dans une ville où les saris roses n'ont jamais mis les pieds, ou s'il y a des tensions particulières dans un endroit que nous devons visiter.

Mon mari n'arrête pas de me dire que cela le rassure de me savoir avec Babuji :

— Je me sens plus tranquille quand il t'accompagne. À force de te battre contre autant de gens, tu vas t'attirer des ennuis. Au moins, Babuji t'empêchera de faire des bêtises.

Je le laisse dire. Après tout, s'il lui plaît de croire que Babuji a de l'influence sur moi… Au fond de moi, je sais que personne ne pourra m'empêcher de faire quoi que ce soit. En revanche, il est vrai que la présence des hommes rassure les femmes de mon gang. Lors des gros rassemblements, il y en a toujours quelques-uns qui nous accompagnent. Au bureau à Atarra, il y a sans cesse deux ou trois hommes qui traînent dans les parages. Pour la plupart, il s'agit de maris des membres du gang, ou bien de voisins acquis à ma cause, tel le propriétaire de notre logement, ainsi que mon beau-fils, qui tient son officine à côté de notre permanence. Nous avons besoin d'eux, et pas seulement parce que leur présence dissuasive nous garantit un minimum de sécurité. Dans toutes les villes où le Gulabi gang est implanté, il me faut des relais de confiance qui sachent lire, écrire et compter, pour tenir, par exemple, le registre local des inscriptions et des commandes de saris. Or, dans ma génération, seuls les hommes sont allés à l'école…

Pour autant, je ne suis pas prête à les recruter comme membres de mon organisation. D'abord, ce sont des cibles trop tentantes pour les policiers lors de nos raids et de nos manifestations. Mais surtout, je ne leur fais pas confiance. Il me faudrait des années pour les éduquer ! Même Jay Prakash, pourtant beaucoup plus droit, beaucoup plus engagé socialement que n'importe quel homme, n'est pas devenu ce qu'il est sans beaucoup d'efforts. Cela m'a demandé plusieurs années de travail et de patience pour le faire évoluer. Et il y a encore du pain sur la planche ! Certes, il est cultivé et n'est pas dénué de sagesse, mais, faute de croire en lui, il est incapable de la mettre en pratique. Il se contente de prêcher ses conseils au lieu de les appliquer. Moi, au contraire, j'espère absorber ses connaissances et m'en inspirer pour agir en personne informée. Et puis que penser d'un homme qui n'assume toujours pas aux yeux de la société de vivre sous le même toit que moi ? Depuis peu, il accepte l'hospitalité de mon mari, à Badausa. Dans ma famille, il est le bienvenu, mon mari et mes enfants le respectent, l'appellent Babuji, lui servent à manger. Mais tout cela, c'est parce que j'ai osé lui accorder officiellement un vrai statut. Lui, au contraire, il ne m'a jamais présentée à sa femme et à ses quatre enfants, jamais il ne m'a invitée à mettre les pieds chez lui, à Fatehpur. Comment puis-je le considérer comme un être courageux dans ces conditions ? Car il faut du courage pour porter le sari rose, le courage de refuser les conventions sociales et d'affirmer ses convictions. Les hommes ne sont pas prêts à cela.

Cela ne m'empêche pas de les défendre avec autant de hargne que les femmes. Aujourd'hui, de nombreux hommes font appel aux services de mon gang. Agriculteurs expropriés, marchands rackettés, fonctionnaires de basse caste victimes de ségrégation… ce sont, eux aussi, les victimes d'injustices inacceptables. Un jour, il est possible que je recrute des hommes dans mon gang, mais pas sans les avoir mis à l'épreuve auparavant. À eux de me prouver qu'ils ont perdu leur sale habitude de boire et de fumer, à eux de me convaincre de leur motivation et de leur engagement. Il faudra probablement que je les coache personnellement, un à un ! Pour l'instant, ce n'est pas d'actualité, mais je réfléchis à la question. Qui sait ? Ce sera peut-être mon fils le premier homme à s'habiller de rose ! Je suis si fière de lui. Si seulement vous voyiez sa photo en uniforme prise pendant son service militaire… Non seulement il est beau, mais en plus il est brillant. Depuis l'âge de quinze ans, Kamta est en pension à Jhansi, à plus de deux cents kilomètres d'ici. Le lycée de Badausa n'était pas d'un très bon niveau et je voulais le meilleur pour lui. Aujourd'hui, il étudie l'agronomie, en deuxième année, à l'université Bundelkhand de Jhansi. Avoir un diplôme est primordial pour lui. Le seul conseil que je lui donne, c'est de ne jamais travailler pour un service du gouvernement : tout n'est que corruption, il n'y a rien de bon à en tirer. Comme Nisha, ma fille cadette, Kamta m'a toujours encouragée à suivre ma vocation. Mon action auprès des femmes l'intéresse énormément. J'aimerais tellement qu'un jour il vienne me donner un coup de main : je travaille beaucoup avec les fermiers, ses connaissances en agriculture pourraient m'être très utiles. J'aimerais qu'il leur apprenne, par exemple, les techniques de l'agriculture verte, sans pesticides et sans engrais chimiques. Mais rien ne presse. Pour l'instant, il n'a que vingt-quatre ans et je tiens à ce qu'il finisse ses études. Et puis je rêve d'une belle-fille ! Il me tarde de lui choisir une épouse. Bien sûr, s'il préfère épouser une fille dont il est tombé amoureux, je m'inclinerai. Mais je connais mon Kamta : il préférera me laisser choisir le meilleur parti pour lui. Libre à lui de refuser si l'élue ne lui plaît pas… Régulièrement, je lui demande s'il se sent prêt pour le mariage. Chaque fois, il me répond la même chose :

— D'abord mes études, Ammaji, pour le reste, on verra après.

Je compte lui poser la question chaque année. Il y a bien un moment où il me dira « oui » !

Chant de guerre

Toute ma vie, j'ai nagé dans les galères. J'ai été dépendante de mon père, de mon mari, puis de mon fils.

Une fille ne trouve le bonheur ni dans la maison de son père ni dans la maison de son mari.

Quand j'étais enfant, mes parents m'ont fait comprendre que je devais me faire discrète. Ils me disaient : « Ne fais pas ci, ne fais pas ça, désolé, nous ne pouvons pas t'envoyer à l'école, tu sais, les temps sont durs… »

Une fille ne trouve le bonheur ni dans la maison de son père ni dans la maison de son mari.

Quand je me suis mariée, mon mari m'a fait comprendre qu'il était mon maître, mes beaux-parents m'ont emprisonnée dans un autre carcan. Ils me disaient : « Ne fais pas ci, ne fais pas ça, désolé, mais tu ne peux pas sortir d'ici, regarde tout ce qu'il reste à faire, tu sais, les temps sont durs… »

Quand mon mari est mort, je suis allée vivre chez mon fils, ma belle-fille m'a fait comprendre que j'étais de trop. Aujourd'hui, elle me dit : « Faites ci, faites ça, tenez, il reste encore des chemises à laver. Estimez-vous heureuse, nous pourrions vous mettre dehors, vous savez, les temps sont durs… »

Toute ma vie, j'ai nagé dans les galères, toute ma vie, j'ai pleuré, pleuré et pleuré. Une fille ne trouve le bonheur ni dans la maison de son père ni dans la maison de son mari.

14

La mauvaise éducation

J'aime beaucoup mon plus petit frère, Shiv Naresh, et il me le rend bien. C'est un homme courtois et intelligent, qui a eu la chance d'avoir fait de très bonnes études. Il est le seul de mes trois frères et sœurs à être allé à l'école : normal, il était le cadet. Particulièrement doué, il a suivi plusieurs cursus. Après un passage par la pharmacologie, il a bifurqué vers des études de droit et a également un master d'anglais. Il aurait pu être avocat. À la place, il a choisi le génie civil et construit des routes, de gros chantiers qu'il dirige pour le compte du gouvernement, dans le district d'Hamirpur, dans le nord de l'Uttar Pradesh. Tout bien éduqué qu'il est, Shiv Naresh n'en reste pas moins un homme, avec des réflexes machistes qui ont le don de me mettre hors de moi. Celle qui en a le plus fait les frais, c'est Sita, sa femme. Ils ont été mariés très jeunes : elle avait à peine treize ans, il en avait dix-sept. Lorsque mon père a fixé la date de la noce, mon frère, alors pensionnaire dans un lycée d'Allahabad, la grande ville la plus proche, a beaucoup renâclé. Il était obsédé par ses études et n'avait aucune envie d'épouser une fille qu'il ne connaissait pas. Pendant la fête, il a boudé tout seul dans son coin, en ignorant sa fiancée ostensiblement. Au bout de trois jours, elle est repartie chez ses parents, comme le veut l'usage : ils étaient tous les deux trop jeunes pour la vie commune. Deux ans plus tard, mon frère n'avait toujours pas manifesté l'envie de faire venir Sita vivre avec lui. Ne lui demandant pas son avis, mon père est allé chercher la jeune fille dans son village pour la ramener à Hanuman Dhara. Quand il l'a vue, mon frère n'a même pas essayé de discuter avec elle. En réalité, il avait arrêté son opinion depuis longtemps : cette fille n'avait jamais été à l'école, elle était bien trop fruste pour lui. Mes parents ont eu beau le raisonner, il a campé sur ses positions et exigé qu'on renvoie Sita chez ses parents. La pauvre est repartie, humiliée. Aussitôt, ma mère m'a téléphoné en pleurant.

— Ton frère a renvoyé sa femme chez elle. Quelle honte pour notre famille ! Qu'allons-nous devenir ? S'il te plaît, Sampat, parle-lui.

J'étais furieuse contre mon frère, son attitude me révoltait. À l'époque, je venais de m'installer à Badausa. Dès que j'ai raccroché avec ma mère, j'ai composé le numéro de Shiv Naresh, qui était retourné à Allahabad.

— Shiv Naresh ? C'est Sampat à l'appareil. Ammaji vient de me raconter ce que tu avais fait.

— …

— Eh bien, tu ne dis rien ?

— Il n'y a rien à dire. Je ne veux pas vivre avec cette femme, un point c'est tout.

— Comment ça, un point c'est tout ?

— Mais enfin, nous n'avons rien à nous dire elle et moi ! Nous ne sommes pas du même monde !

— Et de quel monde es-tu ?

— Tu sais ce que je veux dire : elle n'est pas éduquée, elle ne connaît rien à rien.

— Et tu t'attendais à quoi ?

— J'aurais voulu épouser une femme qui soit allée à l'école et qui ait fait des études, qui sache lire et écrire et avec qui j'aurais pu avoir toutes sortes de conversations.

— Est-ce que tu te rends compte que le genre de femme que tu décris n'existe pas au sein de notre communauté ?

— …

— Réponds !

— Je ne sais pas quoi te dire.

— Justement, tes arguments sont bien minces. Tu t'arrêtes à son illettrisme, mais tu ne tiens pas compte du fait qu'elle est grande, solide, et que c'est une bonne travailleuse. Elle s'occupera bien de ton foyer et te fera de beaux enfants. C'est important tout ça, non ?

— Oui, c'est vrai. Mais ça ne suffit pas.

— Très bien, mais tu ne m'ôteras pas de l'esprit que l'illettrisme n'est pas une cause de divorce. Qu'est-ce que tu dirais si je décidais de quitter mon mari parce qu'il est illettré ?

— Effectivement, je n'avais jamais considéré les choses sous cet angle.

Comme c'est étrange ! Mon frère n'avait donc jamais envisagé que nous, les femmes, puissions avoir les mêmes aspirations que les hommes ! Décidément, les hommes sont tous les mêmes. J'ai senti à la pointe d'hésitation dans la voix de mon frère que je venais de marquer un point. J'ai poussé mon avantage jusqu'au bout.

— Pourquoi ne viendriez-vous pas chez moi, Sita et toi, pour que nous parlions calmement tous ensemble ?

— Hum… Je ne sais pas.

— Allez, ça ne coûte rien.

— C'est bon, tu as gagné, je viendrai.

— Parfait, j'appelle Sita.

Sita et Shiv Naresh sont venus à Badausa. Mon frère n'était pas vraiment radieux mais il n'avait plus son air renfrogné. Nous avons parlé de tout et de rien, des exigences de la vie de couple aux conditions de vie difficiles dans un endroit perdu comme Hanuman Dhara. Pour la première fois, il s'est adressé à son épouse gentiment. Je crois qu'il a fini par réaliser qu'une femme éduquée n'aurait sans doute pas accepté de vivre dans un endroit reculé et que Sita avait peut-être d'autres qualités. À l'issue de l'entretien, Shiv Naresh était d'accord pour la reprendre avec lui. Pauvre Sita... Elle ignorait encore qu'après son mari ce serait sa belle-mère qui lui ferait des misères.

Au début, ma mère aimait énormément Sita. Quand sa belle-fille a accouché d'un enfant mort-né, elle l'a consolée comme sa propre fille. Elle ne doutait pas que la prochaine fois serait la bonne. Malheureusement, Sita a enchaîné les fausses couches, qui survenaient toutes à un terme avancé de ses grossesses. Ma mère m'appelait régulièrement pour se lamenter en pleurant.

— Dire que c'est mon seul fils et qu'il n'a toujours pas de descendance ! Qu'est-ce que j'ai fait pour être ainsi punie ? Et cette pauvre Sita, incapable de me donner des petits-enfants.

Quand elle mettait en cause la mère, qui devait être encore plus malheureuse qu'elle, je la rabrouais fermement.

— Ammaji, ce n'est pas sa faute. Pour elle aussi, c'est terrible. Tu dois la soutenir.

L'infortunée Sita devait vivre un enfer. Quand elle a

expulsé son quatrième bébé, sans vie, comme les autres, ma mère, désespérée, m'a de nouveau téléphoné.

— Sampat, je ne sais plus quoi faire. Sita n'arrivera jamais à donner des enfants à Shiv Naresh. Tu ne penses pas qu'on devrait lui trouver une autre épouse ?

J'étais estomaquée. Moi qui avais toujours milité pour le respect des épouses, qui avais toujours publiquement blâmé l'attitude de ces maris et de ces belles-mères qui jetaient leurs épouses et leurs belles-filles à la rue sous prétexte qu'elles ne pouvaient pas enfanter, je découvrais que les membres de ma famille ne valaient pas mieux que les autres ! Je me suis mise très en colère.

— Comment peux-tu dire une chose pareille ? Si tu avais accouché d'enfants mort-nés, qu'aurais-tu pensé si ton mari t'avait jetée dehors ?

— Je sais, Sampat, mais si mon fils n'a pas d'enfants, c'est terrible !

— Ne t'inquiète pas. Des petits-enfants, tu en auras tellement que tu nous supplieras d'arrêter ! Sita t'en donnera elle aussi. Tu dois juste faire preuve d'un peu de patience.

— Si tu le dis…

Shiv Naresh a réagi plus intelligemment, en se décidant enfin à emmener sa femme consulter un médecin. J'ignore ce que le docteur a dit ou s'il lui a prescrit un traitement. Toujours est-il que Sita a mené sa cinquième grossesse à terme et a accouché d'un très beau petit garçon. Depuis, elle en a eu trois autres. Aujourd'hui, avec mon frère toujours parti par monts et par vaux pour son travail, elle les élève toute seule, avec l'aide de mon oncle et de ma tante. Elle a beaucoup de courage et je suis sûre que mon frère s'en rend compte.

Pour autant, je n'ai pas oublié le mépris dont il a fait

preuve à l'égard de sa femme au début de leur mariage. Le jour où il a employé le mot « illettrée » en parlant de moi à un journaliste étranger, cela m'a fait l'effet d'un coup de poignard. Le reporter lui avait demandé ce qu'il pensait de mon travail auprès des femmes. Shiv Naresh a répondu spontanément :

— Sa grande force, c'est la facilité avec laquelle elle établit le contact avec les femmes du même milieu qu'elle. Le fait qu'elle soit une femme illettrée lui permet de trouver les mots justes. Sampat arrive à les convaincre parce qu'elle leur parle le même langage, elle sait se mettre à leur place.

Je sais qu'il n'était pas dans ses intentions d'être méchant. Sans doute pensait-il même faire mon éloge. Pourtant, j'ai rarement été aussi meurtrie. Être ainsi réduite à une personne qui n'avait aucune éducation a réveillé une vieille douleur. L'école, j'en avais rêvé. Jamais je n'ai oublié ces deux années d'instruction que j'ai reçues, enfant. Je sais que j'avais les capacités de faire des études et, tous les jours, je continue de ressentir cette frustration de connaissances. Surtout, je trouvais profondément injuste qu'on puisse me résumer à ce qualificatif si peu flatteur. Piquée au vif, je n'ai pas pu m'empêcher de couper la parole au journaliste, qui poursuivait ses questions. Il fallait que mon frère comprenne.

— Les gens se moquent de moi parce que je n'ai pas été à l'école, mais des journalistes du monde entier viennent en Inde pour me rencontrer. Je suis peut-être illettrée, mais je fais beaucoup pour les autres, alors qu'il y a des gens très éduqués qui ne lèveront jamais le petit doigt pour leur prochain. À quoi servent les diplômes si ce n'est pas pour devenir un être humain meilleur ? Je vais te raconter une anecdote qui m'a marquée. Il y a quelques mois, on m'a invitée à participer à un séminaire organisé par l'université d'Atarra sur le thème « La part de l'humain dans le processus politique de la région du Bundelkhand ». Je ne me suis pas apprêtée pour l'occasion. J'ai simplement revêtu mon sari de tous les jours et pris mon étole de coton blanc que je porte toujours sur les épaules. Quand je suis arrivée dans l'amphithéâtre, tous les professeurs de la faculté étaient déjà assis. Je me suis avancée dans l'allée principale pour trouver une place à côté des femmes. Mais aux extrémités, tous les bancs étaient occupés. Pas une de ces dames si élégantes ne s'est poussée pour me faire une place. Sur l'estrade, un homme a réalisé mon embarras et s'est approché du micro.

« Mesdames, messieurs, voici Sampat Pal, chef du Gulabi gang. Veuillez lui faire une place s'il vous plaît. »

À l'annonce de mon nom, plusieurs têtes se sont tournées vers moi avec curiosité. J'ai reconnu quelques hauts gradés du commissariat de police. J'ai bien vu qu'ils n'en revenaient pas de me voir ici. Certains me regardaient avec des yeux inquiets, effrayés, sans doute, à l'idée que je tente une des actions spectaculaires dont j'avais le secret ! Les femmes, elles, m'ont toisée comme si j'étais une pouilleuse, avec une arrogance qui m'a retourné l'estomac.

« Bon, le plus simple, c'est que vous preniez la parole maintenant. Je vous en prie, rejoignez-moi. »

Assis dans la première rangée, le vice-président de l'université s'est levé et s'est approché de moi pour me guider sur l'estrade. Devant le micro, il m'a enfilé une guirlande autour du cou et m'a offert un châle pour me témoigner son respect. En Inde, c'est ainsi qu'on manifeste sa reconnaissance à quelqu'un pour une contribution sociale, politique ou autre. Dans la salle, j'ai vu les yeux des femmes qui venaient de me dédaigner si ostensiblement s'agrandir de stupeur. Il était évident qu'elles ne comprenaient pas ce que j'avais fait pour mériter un tel honneur. D'un signe de la main, le vice-président m'a invitée à prendre la parole et a regagné son siège. En apparence, j'étais très calme, mais à l'intérieur, je bouillais de rage. Tout le monde a fait silence. Brusquement, je me suis sentie dans mon élément : j'avais un micro et la grossièreté de ces enseignantes, si imbues d'elles-mêmes sous prétexte qu'elles étaient bardées de diplômes, m'avait regonflée à bloc.

« *Namaste*. C'est un honneur pour moi d'être ici parmi vous, dans cette prestigieuse institution du savoir où je n'ai jamais eu la chance de mettre les pieds. Moi qui n'ai pas fait d'études sais toute l'importance de l'éducation pour faire progresser la société. Il est toutefois regrettable que les personnes les plus instruites ne fassent pas l'effort de montrer l'exemple. Quel genre d'enseignement peuvent donc donner des professeurs qui ne sont même pas capables de respecter l'être humain ? Que retiendra la future génération si on lui apprend à mépriser quelqu'un parce qu'il est mal habillé ? Laissez-moi vous chanter l'un de mes slogans :

« Avant tout, nous devons nous réformer nous-même,
» Ensuite, nous pourrons songer à réformer les autres,
» Sans cela, nous finirions par détruire notre nation. »

Mon petit speech n'avait rien d'aimable. Dans la salle, tout le monde a compris à qui je faisais allusion. Quand je me suis tue, le vice-président de l'université a levé la main pour me poser une question : « Vous-même, êtes-vous allée à l'école ? »

« Seulement pendant deux ans, à mon grand regret. Mais l'éducation ne fait pas tout. Regardez ces grands poètes des XVe et XVIe siècles : Kabir, dont la poésie remplit les pages du livre sacré des sikhs, était tisseur de profession ; Tulsidas, l'auteur de la version en hindi du *Ramayana*, était un brahmane autodidacte ; Surdas, le saint et chanteur, qui a rédigé un recueil de cent mille poèmes, était aveugle de naissance et a trouvé l'inspiration non pas dans les livres, mais dans la foi. Aucun d'eux n'avait reçu d'éducation. Pourtant, tous ont laissé une trace dans la civilisation. L'éducation doit servir à améliorer la société. Le gouvernement dépense des millions de roupies pour que les filles aient accès à l'instruction. Mais l'école n'est pas seulement une affaire de connaissances, c'est aussi une affaire de valeurs. À quoi sert un diplôme s'il ne permet pas de bien se conduire en société ? Aujourd'hui, je constate avec tristesse que des femmes soi-disant bien éduquées sont aussi mal élevées. Or la mauvaise éducation est un fléau aussi grave que l'illettrisme. Surtout chez des personnes qui ont choisi le métier d'enseignant. Dois-je en déduire qu'elles ont étudié pour leur seul plaisir, sans être animées par la volonté de transmettre leur savoir à celles qui n'en ont pas ? »

À la fin de mon intervention, j'ai remercié l'assistance pour son attention et je suis allée m'asseoir. À l'extrémité des bancs, des femmes s'étaient serrées pour me faire une petite place. Je ne leur ai pas adressé un regard. D'autres personnes ont été invitées à monter sur l'estrade et je me suis concentrée sur leurs discours. Quand le séminaire s'est terminé, plusieurs femmes sont venues me voir pour me présenter leurs excuses. Je les ai acceptées de bonne grâce : après tout, il fallait que je montre l'exemple moi aussi ! Certaines ont tenu à noter mon numéro de téléphone. Aujourd'hui, ces professeurs m'appellent régulièrement pour prendre de mes nouvelles et m'inviter à leurs meetings. Il y en a même qui m'ont demandé d'intervenir avec mon gang. L'une d'elles était harcelée par son supérieur et une autre était battue par son mari ! Les diplômes n'empêchent pas les injustices. Même les hommes en sont victimes.

Pauvre Shiv Naresh ! Un peu décontenancé au début par la virulence de ma réaction, il m'a écoutée jusqu'au bout raconter mon aventure à l'université. Ensuite, il est resté pensif pendant de longues minutes, pendant que j'attendais patiemment qu'il me donne son avis.

— Je comprends maintenant ce que tu veux dire. Je te demande pardon de t'avoir blessée. « Illettrée » n'était pas un terme offensant dans ma bouche, mais je réalise ce qu'il représente pour toi. La prochaine fois, je choisirai mieux mes mots.

Ses regrets m'ont mis un peu de baume au cœur. Je sais bien qu'il ne pensait pas à mal. Je sais aussi que ma susceptibilité n'avait pas lieu d'être. Mais c'est ainsi. L'éducation est une question très sensible pour moi. On peut même dire que c'est mon plus gros complexe. Lorsqu'on me rappelle mon manque d'instruction, je sors de mes gonds. Aujourd'hui, il est trop tard pour que je rattrape le temps perdu. C'est pour cette raison que je place tous mes espoirs en mes enfants, surtout Kamta et Nisha, les deux derniers. Car si mon fils est obsédé par ses études, ma fille cadette l'est tout autant. Elle n'a que dix-sept ans et sait déjà qu'elle veut devenir médecin. Elle aussi m'a gentiment envoyée bouler quand je lui ai parlé de mariage.

— Ne t'occupe pas de moi, ne te sens pas responsable de mes choix. Le mariage, on verra ça quand j'aurai terminé mes études, pas avant. Il n'est pas question que je gaspille ma vie comme mes sœurs.

Pour ses sœurs aînées, je n'ai pas eu le choix : mon beau-père avait alors trop d'emprise sur ma famille. Mais avec Nisha, je ne vais pas refaire la même erreur. Je me suis promis que ses études passeraient avant tout. Elle me ressemble tellement, à la seule différence qu'elle est beaucoup plus brillante que moi ! Physiquement, c'est quasiment moi au même âge. Mais elle est aussi indépendante, déterminée et fera tout ce qu'il faut pour parvenir à ses fins. Le fait qu'elle ait choisi de soigner les gens me remplit de fierté. Ce métier tourné vers les autres prouve au moins une chose, c'est que je l'ai bien élevée. Elle aussi, j'en suis convaincue, finira par travailler avec moi.

Chant de guerre

Mon mari a appris l'anglais à l'école, je ne connais même pas l'hindi, mon Dieu, si vous saviez comme ma vie est difficile !

Un jour, il m'a demandé de l'eau et je lui ai apporté deux tomates, alors il m'a frappée avec une cravache et il m'a dit : « Non seulement tu es laide, mais en plus, tu n'as rien dans la tête ? » Mon Dieu, si vous saviez comme ma vie est difficile !

Un autre jour je lui ai fait un bon tchaï *avec beaucoup d'épices, il m'a dit « bonbon », alors j'ai cru que ce n'était pas assez sucré et j'ai rajouté deux sucres. Il voulait dire « bon, bon » et il s'est mis en colère. Mon Dieu, si vous saviez comme ma vie est difficile !*

Si seulement mon père et ma mère m'avaient envoyée à l'école, je ne souffrirais pas autant aujourd'hui dans la maison de mon mari. Mon Dieu, si vous saviez comme ma vie est difficile !

Ma fille veut aller à l'école, mon mari s'en moque. Mais je vais tenir bon, il faut qu'elle soit éduquée. Mon Dieu, faites que sa vie soit plus facile !

15

De la « real » à la « pink politik »

Au début de l'année 2007, j'ai été contactée par des proches de Sonia Gandhi, la présidente du parti du Congrès de l'Inde au niveau national. Ils m'ont proposé de me présenter sous leurs couleurs aux prochaines élections législatives, qui avaient lieu en mai. Ils pensaient à moi pour la circonscription de Naraini, dont dépend Atarra. Cela faisait quelque temps que l'idée de faire de la politique me trottait dans la tête. Je me disais que c'était le moyen idéal de promouvoir mon travail, que j'aurais vraiment les moyens de faire changer les choses si je devenais membre du Parlement. L'idée m'a donc paru séduisante : le fait que ce soit sous les couleurs du parti du Congrès m'importait peu, l'important, c'était d'avoir le soutien d'un parti. Malheureusement, mon éventuelle candidature n'a pas fait l'unanimité en haut lieu. Salman Khurshid, le président du Comité du Congrès en Uttar Pradesh, un musulman éduqué à Oxford et fils d'un ancien président de l'Inde, estimait qu'une femme ne pouvait pas remporter les suffrages dans cette circonscription marquée par une population essentiellement masculine et, de surcroît, très machiste.

Khurshid étant très proche de Sonia Gandhi, il l'a convaincue sans peine que je n'avais pas l'envergure nécessaire pour fédérer la population. Évincée de la sélection finale, je n'ai pas baissé les bras pour autant : je savais que j'avais une autre carte à jouer dans la circonscription de Naraini, dont l'électorat était très masculin, certes, mais aussi constitué pour une part importante de basses castes. Séduire des Chamar, des Gadarias ou des Kol était dans mes cordes ! Je me suis donc présentée aux élections, mais en candidate indépendante. Je n'étais pas la seule candidate sans étiquette. Dans les environs de Banda vivait un *dacoït* nommé Thokia Patel. Il était à la tête d'un gang de soixante-douze membres, armés de fusils AK 47, qui s'étaient bâti une sinistre réputation de tueurs de flics. Ce *dacoït*, tué depuis lors d'un affrontement avec la police, répandait à l'époque la terreur dans la région, où il comptait toutefois d'importants soutiens, notamment au sein des Patels, une caste de riches fermiers dont lui-même était issu, peu représentée en politique. En 2007, il a donc poussé sa propre mère à se présenter aux élections législatives. Celle-ci n'a pas obtenu assez de voix pour gagner un siège au Parlement – elle et moi puisions en partie dans le même électorat – mais c'était assez pour qu'elle joue les trouble-fête. Avec près de six mille votes, j'ai échoué moi aussi. Mais ce n'était rien comparé à la déculottée infligée à Shoib Alam, le candidat du parti du Congrès : à peine deux mille sept cents voix ! Lors de ces législatives, remportées, y compris dans la circonscription de Naraini, par un membre du BSP, la déroute du parti de Sonia Gandhi dans l'Uttar Pradesh a été telle que Salman Kurshid a été contraint de démissionner !

C'est une femme, Rita Bahuguna-Joshi, qui l'a remplacé à la tête du Comité du Congrès de l'Uttar Pradesh. Il y a quelques mois, elle est venue assister à l'une de mes réunions d'information dans un petit village et m'a chaleureusement félicitée pour le travail que j'accomplissais. J'avais conscience que ses encouragements n'étaient pas d'une grande aide, mais j'ai été flattée. J'ignore si elle a fait son rapport aux instances supérieures de son parti. Toujours est-il qu'en juin dernier j'ai reçu un appel d'un proche de Jagdambika Pal, l'un des membres les plus influents du parti du Congrès. Lui aussi avait présidé autrefois la section de l'Uttar Pradesh. Au téléphone, le collaborateur de Jagdambika Pal m'a informée que Rahul Gandhi, l'actuel secrétaire général du parti du Congrès et fils de Sonia Gandhi, souhaitait que je vienne le rencontrer à New Delhi.

— Pourquoi veut-il me voir ?

— Pour discuter de ce que vous pourriez faire ensemble dans l'Uttar Pradesh.

— S'il veut discuter avec moi, il n'a qu'à venir me voir.

— Mais enfin vous n'y pensez pas ! Rahul Gandhi est un leader national, vous ne croyez quand même pas que c'est lui qui va venir à vous ?

— C'est lui qui veut me voir, pas moi. Je n'ai pas besoin de lui. S'il a besoin de me parler, il n'a qu'à se déplacer, son temps n'est pas plus précieux que le mien.

Ça alors, mais pour qui se prennent-ils, ces politiques ? Ils ne font qu'élaborer de grandes théories sans jamais passer à l'action et ils voudraient en plus interrompre mon travail ! Et puis franchement, qu'est-ce que j'irais faire à Delhi ? Rencontrer Rahul Gandhi au milieu de tous ses courtisans aux dents longues et au ton sirupeux ? Non merci ! J'ai des choses plus utiles à faire. Stupéfait de ma réaction, l'assistant de Jagdambika Pal n'a pas lâché le morceau aussi facilement.

— Vous rendez-vous compte des possibilités que cela représente ?

— Quelles possibilités ? La dernière fois, Sonia Gandhi elle-même m'a offert une circonscription et certains de ses proches se sont quand même arrangés pour faire avorter le projet.

— Les choses ont changé depuis, un tel cafouillage n'arrivera plus. Et puis, il n'y a pas que les élections législatives : vous pourriez commencer par adhérer au parti du Congrès. Nous cherchons des gens comme vous pour diffuser nos idées. Cela vous permettrait au passage de diffuser les vôtres. Avec le temps, on vous donnera de plus en plus de responsabilités. À force de gravir les échelons, vous pourriez devenir, qui sait, la présidente du parti en Uttar Pradesh.

— Cela m'avancerait à quoi ?

— On vous témoignerait beaucoup de respect.

— La belle affaire !

— Vous auriez aussi le pouvoir de proposer des circonscriptions à des femmes pour qu'elles se présentent à leur tour aux élections.

— Vous savez aussi bien que moi que si j'accède à un tel poste, je serai entourée d'une nuée de requins qui me harcèleront pour que je leur propose une circonscription en priorité.

— Libre à vous de les renvoyer dans leurs cordes !

— Si je ne suis pas d'accord avec les gens du parti, le parti m'évincera aussitôt. Et si j'écoute tous ces courtisans corrompus qui voudront obtenir de moi toutes les faveurs possibles, je trahirai les pauvres gens pour lesquels je me suis battue toute ma vie. Non, vraiment, ça ne m'intéresse pas de prendre des responsabilités dans le parti. Si Rahul Gandhi n'a pas le temps de venir jusqu'à Atarra, ou même Lucknow, il n'a qu'à me proposer directement une circonscription. Devenir députée est la seule chose qui m'intéresse.

— Dommage, vous pourriez aller loin si vous deveniez l'une des nôtres.

Dépité, mon interlocuteur a fini par raccrocher. Je n'ai pas regretté une seule seconde de l'avoir ainsi éconduit. Jamais je ne me suis reconnue dans un parti particulier : il y a un tel décalage entre les programmes annoncés, les pieuses déclarations d'intentions pendant la campagne et ce qui est effectivement accompli sur le terrain une fois le politicien élu…

Comment peut-on avoir confiance en la politique ? L'Inde est un pays libre et indépendant depuis soixante ans : pourtant, les plus démunis ignorent toujours ce que cela signifie de vivre dans un pays indépendant. Les lois sont modernes, mais, du fait d'une administration gangrenée par la corruption, elles ne sont pas appliquées. En soixante ans, elles n'ont apporté ni justice sociale ni amélioration du niveau de vie pour les plus pauvres. Leur vie quotidienne n'a pas changé d'un iota. Je me méfie aussi de ces « leaders charismatiques » dont la gloire occulte le travail de milliers d'anonymes sur le terrain, moins connus, mais peut-être plus efficaces. Prenez le docteur Ambedkar. Certes, il est décédé, mais tout le monde le considère encore comme le saint protecteur des *dalits*. Lui-même était un intouchable, qui a eu la chance, grâce à l'aide de deux maharajas, d'étudier à Bombay puis aux États-Unis. À son retour en Inde, il est entré dans la politique, en lançant des mouvements de désobéissance civile, comme boire de l'eau du puits dans un village brahmane, ou rentrer dans des temples interdits aux *dalits*. En 1950, Nehru l'a chargé de rédiger la première Constitution indienne, un texte qui a instauré le droit à l'éducation des intouchables et l'interdiction de la discrimination envers les *dalits* et les femmes. Aujourd'hui, on le présente comme l'unique auteur du texte. Mais il ne l'a pas écrite tout seul, cette Constitution : en réalité, il était à la tête d'une commission qui comptait plusieurs centaines de personnes. Tous ont fait des suggestions et se sont battus pour imposer leurs idées. Tous ont apporté leur pierre à l'édifice. Ceux-là, la mémoire collective les a oubliés, ne retenant que le nom du docteur Ambedkar. C'est injuste.

L'image politique est trompeuse et réductrice. Je crois que le vrai travail se fait sur le terrain, pas dans un bureau. C'est la raison pour laquelle je me méfie de la politique. Pourtant, je crois sincèrement que l'accession des femmes à des postes à responsabilités est une bonne chose. Encore faut-il qu'elles ne soient pas corrompues par le pouvoir. Aujourd'hui, de nombreuses femmes ont réussi à gravir les échelons dans cet univers d'hommes : Indira Gandhi, l'un des Premiers ministres de l'Inde restés le plus longtemps au pouvoir ; Sonia Gandhi, sa belle-fille, présidente du parti du Congrès et qui a failli être Premier ministre, elle aussi ; Rita Bahuguna-Joshi, présidente du parti du Congrès en Uttar Pradesh ; Mayawati, l'actuel ministre en chef de l'Uttar Pradesh, l'État le plus peuplé de l'Inde. Pour autant, la condition des femmes a-t-elle changé dans ce pays ? Pas du tout ! Le gouvernement a fixé à 23 % la part du budget qu'un État doit consacrer à aider les femmes. Dans les faits, rien n'a changé. Les femmes au pouvoir pourraient faire tant de choses si elles le voulaient. Malheureusement, elles se contentent de célébrer la journée internationale de la femme le 8 mars.

Cela me met en colère de voir quelqu'un comme Kumari Mayawati retourner sa veste comme elle l'a fait. À croire qu'elle a oublié tout ce qu'elle a dû endurer pour arriver là où elle est. Comme le docteur Ambedkar, elle est née dans une famille d'intouchables, des Chamar plus précisément. À l'école, c'était une élève très travailleuse, qui rêvait de devenir magistrat de district. Adulte, elle a rencontré Kanshi Ram, le président du Bahujan Samaj Party (BSP), qui a fait d'elle sa protégée et l'a convaincue que son destin était de décider du sort de tas de magistrats de district, pas d'en devenir un elle-même. En 1995, le rêve est devenu réalité quand elle a été élue ministre en chef de l'Uttar Pradesh. À trente-neuf ans, c'était la plus jeune femme politique à accéder à ce poste, la première *dalit* aussi. Pour les intouchables, elle est devenue une véritable icône, le symbole de leur dignité et de leurs aspirations politiques après des siècles d'oppression par les castes supérieures. Il fallait voir les slogans mordants qu'elle concoctait alors :

« Tilak tarajo aur talwaar, inko maro char ! »

Tilak, la marque jaune ou rouge sur le front qui représente le troisième œil, est l'emblème des brahmanes ; *tarajo*, la balance, celui des Vaisyas, les castes marchandes ; et *talwaar*, le sabre, celui des Kshatriyas, les castes de guerriers : autrement dit, les trois catégories de castes supérieures. Le slogan disait en substance : « Dès que vous voyez le bout d'un *tilak*, d'un *tarajo* ou d'un *talwaar*, frappez celui qui le porte quatre fois avec vos chaussures ! » J'aimais cette femme, elle n'avait pas la langue dans sa poche et elle avait du cran. Quand je l'ai rencontrée à Lucknow, en 2002, elle venait d'être réélue ministre en chef de l'Uttar Pradesh. Je ne doutais pas qu'elle ferait quelque chose pour m'aider.

Depuis, Kanshi Ram, le président du BSP, lui a confié les rênes du parti et elle est devenue une star. Au passage, elle y a perdu ses idéaux. Elle qui avait conquis le pouvoir grâce aux voix des opprimés des castes inférieures n'a pas hésité, pour s'y maintenir, à élargir son électorat en séduisant les castes supérieures. Aux législatives, ses slogans n'avaient plus rien à voir avec ceux d'antan. Avant, elle scandait à la foule :

« Haathi nahi, Ganesh Hai. »

Haathi signifie « éléphant », animal qui servait d'emblème au BSP. Ce slogan disait, en parlant du BSP : « Non, ceci n'est pas un éléphant comme un autre, c'est Ganesh, le dieu éléphant. » Ganesh est une divinité traditionnellement adorée par les plus pauvres. En l'identifiant à son parti, elle entendait faire comprendre qu'il se voulait au service des plus démunis, des plus méprisés. En 2007, elle a transformé la phrase :

« Haathi nahi, Ganesh Hai, Brahma, Vishnu, Mahesh hai. »

Autrement dit : « Non, le BSP n'est pas un éléphant comme un autre, c'est Ganesh, mais c'est aussi Brahma, Vishnu et Mahesh. » En convoquant, en plus du dieu des pauvres, la sainte trinité vénérée par les hindous les plus traditionalistes, elle invitait les castes supérieures à rejoindre son cortège. Elle s'est même mise à proclamer que les brahmanes et les *dalits* étaient frères. Quelle hypocrisie ! Je suis contre les castes, mais une chose est sûre : les brahmanes seront les frères des *dalits* le jour où les brahmanes accepteront d'épouser des *dalits* ! Pour moi, Mayawati a trahi la cause en laquelle elle croyait et a trompé ceux qu'elle disait défendre. Aujourd'hui, elle est impliquée dans plusieurs affaires de corruption, comme tous les autres. Surtout, Mayawati aurait dû, plus que toute autre, défendre les femmes, les encourager à s'exprimer. Jamais elle ne l'a fait. Quelle déception de la part d'une militante si fervente…

Décidément, aucune figure politique ne m'inspire aujourd'hui. Mes modèles à moi sont des figures historiques. En Inde, il existe une longue tradition de femmes de pouvoir et de reines guerrières. On m'a raconté une légende que je trouve fascinante : c'est l'histoire d'une fille de treize ans, dont le père commandait les armées d'un pays envahi par le seigneur d'un pays voisin. Ses troupes n'ayant pas réussi à repousser l'envahisseur, celui-ci a fini par arriver aux portes du palais royal. Le monarque avait déjà quitté la cour avec sa femme pour se mettre à l'abri. De peur de se faire massacrer, tous les soldats se sont enfuis à leur tour. Il ne restait plus que le chef des armées. Sa fille lui a dit :

— Cours te cacher dans les montagnes si tu veux. Moi, je reste ici.

— Pour quoi faire ? Tu vas te faire tuer !

— Je m'en moque. Je refuse de capituler.

Quand les soldats ennemis sont entrés dans la cour du château, ils n'ont trouvé qu'une seule jeune fille qui les attendait, campée fièrement sur le marbre blanc. D'un coup de botte, un homme l'a immédiatement projetée à terre en la sommant de répondre à ses questions :

— Il n'y a personne d'autre que toi ici. Où est passé ton roi ? Où se cache son armée ?

— Je ne vous dirai rien.

— Parle ou tu vas souffrir.

— …

— Très bien, tu l'auras voulu.

Ces misérables ont torturé la jeune fille pendant des heures. Ils lui ont coupé tous les doigts d'une main, puis ils lui ont tranché les deux seins. Malgré la douleur, elle n'a pas prononcé un mot. À bout de forces, elle a réussi à attraper le couteau de ses bouchers et elle s'est sectionné la langue, pour être sûre de ne pas être tentée de parler. Elle est morte peu de temps après, en se vidant de son sang. Ses bourreaux ont exhibé son corps à l'extérieur des remparts pour bien signifier à tous qu'ils étaient désormais chez eux. En voyant au loin le corps mutilé, les soldats et les gens de la cour qui se cachaient dans les environs ont eu honte d'avoir été aussi lâches. La barbarie des nouveaux occupants du château les a rendus fous de rage. Impatients de venger la fille martyre du chef des armées, ils se sont rassemblés et sont revenus affronter cette armée qui les avait envahis. La bataille a été rude, mais ils ont eu le dessus. En quelques jours, l'envahisseur a été bouté hors du pays. Je ne me souviens plus sur quel continent ça s'est passé, ni à quelle époque cette adolescente a vécu, mais cette fille qui a fait preuve de tant de bravoure pour défendre l'honneur de son peuple est devenue l'une de mes héroïnes.

La seconde est Rani Laxmibai, la reine de Jhansi, élevée au rang d'héroïne nationale parce qu'elle avait osé tenir tête aux Anglais. Née dans une famille brahmane, elle a épousé Gangadhar Rao, le maharaja de Jhansi, à l'âge de treize ans. En 1853, son époux est tombé gravement malade. Or Laxmibai n'avait pas d'enfants : elle avait bien accouché d'un garçon, mais celui-ci n'avait pas survécu plus de quatre mois. Le maharaja, agonisant, se retrouvait donc sans héritier.

Craignant que la couronne britannique ne fasse main basse sur son royaume après sa disparition, le couple a adopté *in extremis* un lointain petit cousin, nommé Damodar Rao. Le lendemain de l'acte légal qui en faisait leur fils, Gangadhar est mort. Des officiels britanniques avaient paraphé l'acte d'adoption. Cela n'a pas empêché lord Dalousie, le gouverneur général de l'époque, de contester la légitimité du petit Damodar. Refusant de le considérer comme l'héritier officiel du trône de Jhansi, il a décidé d'annexer l'État de Jhansi. Laxmibai a fait alors ce qu'aucun seigneur indien n'avait jamais fait : elle a fait appel de la décision du gouverneur auprès de la cour de justice à Londres. Malheureusement, au bout de plusieurs pourvois, sa demande a finalement été déboutée. En Inde, les autorités britanniques ont voulu la punir pour son attitude si présomptueuse. Elles ont confisqué ses bijoux et déduit de sa pension annuelle les dettes contractées par feu son mari. Puis elles ont exigé qu'elle quitte immédiatement le fort de Jhansi pour aller s'installer dans une demeure plus modeste de la ville. La maharani a alors prononcé une phrase devenue célèbre :

— *Mi mahji Jhansi nahi dehnar !* Jamais je n'abandonnerai mon Jhansi !

Laxmibai a réuni une armée de volontaires, essentiellement au sein de la population locale, recrutant aussi bien des hommes que des femmes, auxquels ses généraux dispensaient ensuite une formation militaire. En 1857, au moment de la révolte des cipayes, la grande mutinerie indienne contre le pouvoir britannique, deux rajas voisins acquis à la cause anglaise ont attaqué Jhansi. Grâce à son armée, Laxmibai a pu les repousser. Un an plus tard, les Anglais ont assiégé Jhansi.

La maharani a tenu bon pendant quinze jours, puis a fini par s'échapper de la ville dans un accoutrement d'homme, son fils Damodar sanglé sur le dos. Elle est morte quelques mois après, pendant la bataille de Gwalior : Laxmibai avait enfilé une tenue de guerrier et s'était jetée dans la mêlée pour défendre le fort de la ville. Même les soldats de Sa Majesté ont reconnu que la rani de Jhansi avait été la plus courageuse de tous les rebelles !

Laxmibai est un modèle dont je me suis toujours inspirée. À la seule différence que je n'ai jamais fait couler le sang, alors que sous les ordres de la rani, beaucoup de soldats ont péri sur le champ de bataille. Une femme seule peut réaliser tant de choses, pour peu qu'elle trouve assez de courage en elle pour agir. Nul besoin de militer sous la bannière d'un parti pour lutter contre les injustices. En réalité, je fais déjà de la politique. Je me vois un peu comme un *pradhan mantri* qui n'en porte pas le titre : un Premier ministre *de facto*. Le véritable Premier ministre, lui, potasse ses dossiers toute la journée, parle avec ses conseillers, mais jamais il ne sort de son bureau pour se confronter avec les gens de la rue. Moi, je suis son équivalent sur le terrain : je vais à la rencontre du peuple, j'applique les principes que le *pradhan mantri* se contente d'édicter. Les titres officiels ne veulent rien dire. Je suis sûre qu'à mon petit niveau j'apporte plus de justice et de bonheur dans la vie quotidienne des gens que le Premier ministre qui fait parfois voter quelques lois sans bouger de son siège et passe l'essentiel de son temps à s'occuper de ses courtisans, à placer les membres de sa famille à des postes de prestige ou à profiter de ses contacts pour faire un investissement juteux. Mettons, pour couper la poire en deux, que je fais plus le travail d'un *pradhan*, un chef de village, que celui d'un Premier ministre. Il suffit de voir la tête des *pradhans*, quand je débarque dans leur village pour régler un conflit, pour comprendre que je marche sur leurs plates-bandes. Mais je n'y peux rien s'ils sont incapables de faire leur travail.

Si j'entre un jour en politique, ce ne sera pas à l'appel des partis, mais poussée par les gens que je défends. Je dois avoir une force derrière moi. C'est aussi pour cela que j'essaie d'obtenir l'appui des hommes. Les femmes ont besoin d'eux, nous avons besoin de leurs voix, de leurs votes, pour faire entendre les nôtres. Sans avoir un soutien massif, à quoi cela m'avancerait-il de devenir députée pour faire voter des lois que personne ne compte appliquer ? À quoi cela me servirait-il de travailler avec des gens corrompus jusqu'à l'os ? Mieux vaut faire évoluer les mentalités en faisant pression de l'extérieur. Je crois davantage en la puissance interne d'un groupe qu'au pouvoir de son leader. En réalité, je me vois davantage pratiquer la politique à la manière d'un Chanakya. Il était le conseiller de l'empereur Chandragupta il y a plus de deux mille ans. La légende de Chanakya commence à sa naissance : on dit qu'il est sorti du ventre de sa mère avec toutes ses dents, le signe qu'il deviendrait roi. Or il était brahmane et les brahmanes, qui incarnaient le pouvoir spirituel et non le pouvoir temporel, n'étaient pas destinés à régner. Pour conjurer le sort, sa famille lui a brisé les dents et on lui a prédit alors qu'il régnerait, mais à travers un autre. Devenu adulte, Chanakya s'est mis au service du roi Nanda. Celui-ci, dédaignant ses conseils, a fini par jeter dehors le jeune brahmane, dont la route a bientôt croisé celle du jeune Chandragupta, en qui tous voyaient un leader naturel depuis sa plus tendre enfance : Chanakya venait de trouver son binôme, celui dont il souhaitait faire, au passage, l'instrument de sa vengeance contre le roi Nanda. À son grand désespoir, les premières tentatives de Chandragupta pour renverser l'ennemi ont échoué. C'est en observant une mère grondant son enfant que Chanakya a compris l'erreur tactique qu'il avait commise. La mère houspillait ainsi son fils :

— Et voilà, tu t'es brûlé la langue ! Je t'avais dit de manger ton bol de riz en commençant par les bords. Au centre, c'est toujours plus chaud, gros bêta !

Chanakya, qui avait poussé Chandragupta à donner l'assaut en plein cœur du royaume de Nanda, a immédiatement révisé sa stratégie et lui a conseillé de s'attaquer aux frontières. Son disciple lui a obéi, rabotant le royaume de Nanda progressivement, jusqu'à se l'approprier tout entier. Enfin devenu roi, Chandragupta n'était plus à l'abri des convoitises lui non plus. Tous les jours, Chanakya, qui craignait qu'il ne soit empoisonné, ajoutait un peu de poison dans la nourriture de son roi pour l'immuniser petit à petit. Un jour, la reine, enceinte de neuf mois, a goûté par mégarde l'un des plats de son mari. Elle, dont le corps n'avait pas été habitué au poison, est tombée foudroyée. Pour sauver l'héritier qu'elle portait, Chanakya n'a pas hésité à ouvrir son ventre pour en extraire le bébé. Ce nourrisson, prénommé Bindusara à cause de la goutte (*bindu* en hindi) de poison qui avait eu le temps de parvenir jusqu'à sa tête, est devenu un grand empereur maurya.

En Occident, il paraît qu'on surnomme Chanakya le Machiavel indien. Certains le considèrent comme le père de la *real politik*. Pour ma part, j'admire autant son pragmatisme que sa capacité à tirer les ficelles tout en restant dans l'ombre. Si je dois m'asseoir sur un siège de députée, je veillerai à ne pas me laisser griser par les sirènes du pouvoir. Jamais je ne ferai passer mes propres intérêts avant ceux de la communauté et je me battrai toujours pour les autres, avec le même acharnement. Je le jure.

16

Travail obligatoire

Il est 7 heures et il fait déjà chaud. Les premières averses de la mousson n'ont pas encore rafraîchi l'atmosphère et, dans la moiteur étouffante de ma chambre, j'ai du mal à émerger. Il faut pourtant que je m'active. Dans trois heures, je dois être à Manikpur, à soixante kilomètres d'ici. Vu l'état épouvantable des routes de campagne, il faut compter deux bonnes heures pour m'y rendre. Normalement, j'aurais dû prendre le train et me lever encore plus tôt, mais j'ai de la chance : une journaliste française est venue m'interviewer, c'est donc elle qui me conduira là-bas avec sa voiture et son chauffeur. Il n'empêche, il me reste encore beaucoup de choses à faire avant de partir. Jay Prakash est allé chercher deux thés à l'échoppe du bout de la rue pendant que je me prépare. Aujourd'hui, le Gulabi gang est de sortie, l'uniforme est de rigueur. Je remplis également deux gros sacs en plastique noirs en y entassant une quarantaine de saris roses. J'en garde toujours un stock dans la grande armoire de ma chambre. À Manikpur, j'ai rendez-vous avec une centaine de femmes, dont la plupart ne sont pas membres de mon gang, mais qui, dans le feu de l'action, seront nombreuses à vouloir y adhérer et à m'acheter un sari rose sur-le-champ. La journaliste vient d'arriver. Debout près de la voiture, mes sacs dans une main et mon godet de thé dans l'autre, j'aspire bruyamment le liquide qui me brûle la langue, tout en tentant de voir si nous avons bien pensé à tout.

— Babuji, as-tu pris un stylo et des feuilles de papier ?

— J'y vais.

— Prends aussi le cahier pour noter les souscriptions.

— OK.

— Ah oui ! et apporte-moi mon *lathi* s'il te plaît.

— Mmmm.

Ça y est, nous sommes prêts. Jay Prakash et moi grimpons dans la voiture. En chemin, j'appelle Lila Varti, un membre de mon gang à Manikpur, pour savoir où ça en est. C'est elle, avec un homme nommé Comal Patel, sympathisant de notre cause, qui s'est chargée de diffuser l'information et de rassembler le plus de femmes possible. Il est presque 10 heures, nous arrivons devant la gare de la ville, le point de ralliement habituel. Des dizaines de petites grappes de femmes en rose fuchsia colorent les abords de la voie ferrée. Certaines ont réussi à se faire une place à l'ombre sous le préau de la gare. Les autres sont assises au pied des arbres, accroupies sur les buttes ou au milieu de la route. Quand je sors de la voiture, des dizaines de voix scandent en chœur :

— Gulabi gang ! Gulabi gang !

Cette ferveur me remue toujours les entrailles. Je suis bien réveillée maintenant. Je me dirige vers Lila pour qu'elle me fasse un rapport. Elle m'informe que tout le monde n'est pas arrivé. Jay Prakash, lui, est allé voir Comal avec son cahier. Tous les deux sont pris d'assaut par une poignée de membres du gang qui lui agitent des billets de 50 roupies sous le nez. Celles-là ont passé commande d'un sari rose il y a quelques jours auprès de Comal et viennent prendre possession de leur uniforme. Comal attrape les billets un par un, vérifiant chaque fois que le nom est bien inscrit sur sa liste avant de noter que le paiement a été effectué dans le cahier de Jay Prakash, lequel remet alors le sari. Pour attendre les retardataires, j'improvise, comme d'habitude, une petite leçon de maniement du *lathi*. Deux ou trois coups de bâton, c'est idéal pour se détendre, mais aussi pour se chauffer avant l'action !

Ça y est, elles sont toutes là : des vieilles, des jeunes et des femmes sans âge, au visage marqué par une vie rude, dont la plupart ont réussi à trouver dans leur maigre garde-robe un sari dont la couleur s'approchait plus ou moins de la couleur rose de notre uniforme. Certaines sont si mal en point qu'elles marchent pliées en deux ; d'autres sont venues avec leur bébé, dont elles tentent de recouvrir la tête avec un chiffon poussiéreux, quand elles n'ont pas un parapluie tordu à ouvrir au-dessus de leur crâne. Il fait plus de 45 degrés, mais pas une seule ne se plaint. Au contraire, je sens qu'elles ont la bougeotte. C'est parti. Mon *lathi* à la main, je prends la tête de la procession.

— Gulabi gang ! Gulabi gang ! Attention, nous voilà !

On nous entend de loin. Dès les premiers mètres, des curieux ont accouru des ruelles voisines pour voir qui faisait tout ce raffut. Au fur et à mesure que nous progressons sur la route principale de Manikpur, les badauds se font de plus en plus nombreux. Dans cette ville, le Gulabi gang n'est pas encore très connu et notre accoutrement, nos slogans les intriguent. Tous se tiennent à distance, mais il est évident qu'ils se demandent où nous allons. En réalité, le terme de notre marche est tout proche, juste à la sortie de la ville. Car notre objectif, c'est de remettre une pétition au responsable du développement de Manikpur. Quand nous arrivons devant son bureau, situé au milieu d'un grand parc arboré, je demande à tout le monde de s'asseoir sous l'immense banyan central. Il y a là une centaine de femmes, mais aussi une trentaine d'hommes qui les entourent. Eux aussi sont concernés par ce qui nous réunit tous aujourd'hui.

— *Namaste*. Pour celles et ceux qui ne me connaissent pas encore, je m'appelle Sampat Pal et je suis chef du Gulabi gang. Vous savez tous pourquoi nous sommes rassemblés en ce lieu : c'est pour dénoncer la corruption qui empoisonne le Schéma national d'emploi rural garanti[1]. L'État vous a promis des emplois. La plupart d'entre vous les attendent toujours. Nous allons donc remettre une pétition à l'officier chargé du développement pour lui demander d'ouvrir une enquête. Mais avant d'en rédiger le texte, j'ai besoin de faire un état des lieux avec vous. Je vais passer parmi vous pour savoir comment ça se déroule chez vous, noter les noms de vos villages respectifs.

Après la protection des femmes battues et la redistribution des terres, ce Schéma national d'emploi rural garanti est mon nouveau cheval de bataille. Par cette loi, votée en 2005 et mise en application début 2006 dans deux cents districts disséminés dans les États les plus ruraux d'Inde, l'État s'est engagé à fournir cent

1. National rural employment guarantee scheme, ou NREGS.

jours de travail annuel aux personnes vivant en dessous du seuil de pauvreté : un moyen d'augmenter le pouvoir d'achat dans les régions rurales et de rééquilibrer les inégalités monumentales entre les riches et les pauvres à la campagne. L'État a également stipulé que un tiers de ces emplois garantis devaient être réservés aux femmes. Des fonds énormes ont été distribués aux bureaux de développement des vingt-deux districts pilotes d'Uttar Pradesh. Ce sont eux qui ont été chargés d'allouer les fonds aux *pradhans* qui en faisaient la demande.

Concrètement, les membres des foyers les plus pauvres qui prétendent à cet emploi garanti doivent soumettre leur dossier devant le *gram panchayat*, sorte de gouvernement local à l'échelle du village. Le *gram panchayat*, après enquête sous condition de ressources, délivre une carte d'emploi, où figurent le nom, l'âge et la photo de son titulaire. Une fois qu'elle dispose de cette carte, la personne doit adresser une demande écrite au *panchayat* ou à l'officier chargé de l'application du programme dans le district. Dans les quinze jours maximum, elle doit recevoir une réponse, qui l'informe de la nature de l'activité qu'elle devra exercer.

Sur le papier, le projet était formidable ! Encore fallait-il que les gens en prennent connaissance… C'est toujours comme ça en Inde : l'État multiplie les programmes sociaux les plus divers, met beaucoup d'argent sur la table, mais ne se préoccupe pas de savoir si ses fonctionnaires les appliqueront sur le terrain. Dans le cas de l'emploi garanti, le chef du village a un rôle essentiel : à lui de trouver des idées d'activités, de chantiers qui peuvent être entrepris. C'est également lui qui demande officiellement à l'officier chargé du développement de libérer les fonds pour payer les salaires. Évidemment, cela lui demande un surcroît de travail… Dès février 2006, je me suis investie dans la promotion de cette loi. En consultant la liste des vingt-deux districts concernés par cette mesure en Uttar Pradesh, je me suis rendu compte que la plupart des districts de ma région du Bundelkhand en faisaient partie. J'ai décidé de me rendre sur place, dans les villages, pour parler aux habitants les plus pauvres. Ma première réunion d'information, je l'ai organisée à Jay Ram Bari : personne n'était au courant de cette nouvelle loi, on avait même du mal à me croire.

— Vous voulez dire qu'on est assuré de travailler cent jours par an ?

— Exactement. Plus besoin d'aller chercher du travail dans les villes, l'État s'engage à vous fournir un emploi dans votre village, dans un rayon de cinq kilomètres. Et s'il n'y arrive pas, on vous versera quand même l'équivalent de cent jours de salaire.

— Un salaire correct ?

— Bien sûr, environ 100 roupies par jour.

— Et pour faire quoi ?

— Un travail ne requérant aucune compétence spéciale. À vous de faire des propositions. Ne me dites pas que c'est le travail qui manque dans votre village. Il n'y a pas de puits à creuser ou de route à bétonner ? Il faut voir avec votre *pradhan* ce qu'il convient de faire en priorité.

— Et il faut graisser la patte de qui pour obtenir une telle faveur ?

— De personne. Il suffit d'en faire la demande officiellement.

Mon travail d'information ne faisait que commencer. J'ai rapidement constaté qu'aucun *pradhan* ne prenait la peine d'informer les villageois. J'ai donc multiplié les réunions dans les villages alentour. Mes interventions étaient gratuites. En revanche, quand une personne souhaitait obtenir une carte d'emploi, je lui proposais, pour un tarif de 10 roupies, de l'accompagner dans ses démarches, en montant son dossier de candidature, en cherchant avec elle une idée d'emploi, puis je chargeais Jay Prakash de rédiger sa lettre d'accompagnement. Du jour au lendemain, les *pradhans* des quelques villages que j'avais visités se sont vus sollicités par des dizaines de pauvres gens venus leur réclamer du travail. Au cours des deux mois qui ont suivi, je suis revenue voir si les demandes avaient obtenu une réponse. Malheureusement, elles étaient toutes restées sans effet. Les *pradhans* prétendaient qu'ils n'avaient pas les fonds pour financer les emplois. Pour en avoir le cœur net, j'ai effectué une petite visite au bureau de développement de Banda, où toutes les informations concernant le Schéma d'emploi garanti étaient accessibles au public. J'ai appris que l'État avait débloqué pour le seul district de Banda presque un milliard de roupies ! Les fonds existaient bel et bien et n'attendaient qu'à être reversés. Mais les *pradhans* n'étaient pas motivés par la charge de travail supplémentaire que représentait l'application du Schéma d'emploi garanti. Les entrepreneurs locaux n'étaient guère plus motivés par l'idée de recruter une main-d'œuvre imposée. Pourtant, à en croire les registres du bureau de développement, des fonds avaient bien été versés à certains villages. Où donc était passé l'argent ? En furetant un peu partout, j'ai fini par repérer l'arnaque : des cartes d'emploi étaient bien délivrées, mais à des gens qui n'en avaient pas besoin, les amis influents et les proches du chef de village ou les puissants qui lui avaient graissé la patte, lesquels, en outre, n'avaient aucunement l'intention de creuser des citernes ou de construire des routes ! Les titulaires recevaient donc un salaire chaque mois pour un travail fictif.

J'aurais pu dénoncer ce scandale, mais il me semblait plus efficace de faire pression sur les *pradhans* d'une autre façon. J'ai réussi à récupérer un formulaire officiel de demande de carte, que j'ai photocopié à plusieurs milliers d'exemplaires. J'ai chargé les femmes de mon gang d'aller les distribuer dans les villages aux habitants les plus pauvres et de les remplir avec eux. C'était un travail long et fastidieux, qui incombait normalement au chef de village. Je faisais payer 10 roupies par formulaire, pour rembourser nos frais de déplacement. Mon initiative n'a pas plu à tout le monde. Au bout de quelques semaines, on m'a rapporté que les représentants d'une ONG répandaient la rumeur que le Gulabi gang était corrompu, qu'il se faisait de l'argent sur le dos des miséreux. Un jour, alors que j'étais en train de faire remplir des formulaires dans un petit hameau près de Banda, une femme m'a apostrophée en public :

— Ces formulaires sont gratuits ! Comment osez-vous faire payer ces pauvres gens ?

— Qui êtes-vous ?

— Je travaille pour l'organisation Varangana. Nous faisons le même travail que vous, mais gratuitement.

— Vous recevez un salaire ?

— Oui, et alors ?

— Alors, vous gagnez votre vie, votre organisation reçoit des subventions, vous pouvez vous permettre d'aider les gens gratuitement. Moi, je ne reçois aucun salaire, les femmes de mon gang non plus. Aider ces pauvres gens à remplir des formulaires nous demande du temps, de l'argent pour les photocopies et les déplacements. Nous devons nous dédommager, nous n'avons pas le choix.

— Mais ces gens peuvent obtenir la même chose sans débourser une roupie !

— Nous ne forçons personne. Les réunions d'information que j'organise sont gratuites. Nous conseillons toujours ceux que nous aidons d'aller voir le *pradhan* d'abord. Je ne fais payer les gens que s'ils me demandent de les accompagner dans leurs démarches. Et 10 roupies, c'est un tarif très raisonnable pour le travail que cela représente !

— Ce n'est pas correct.

— Ce qui n'est pas correct, c'est que les *pradhans* ne fassent pas leur travail et que nous soyons obligés de faire tout à leur place !

Mon interlocutrice s'est adressée aux autres femmes dans l'assistance :

— Vous ne voyez pas que c'est de l'escroquerie ?

— Ce que nous voyons, c'est que le *pradhan* a refusé de nous donner des formulaires de demande de carte d'emploi et que Sampatji nous en a procuré. Elle est la seule à nous aider. C'est normal de la rétribuer pour ce qu'elle fait.

La femme s'est contentée de hausser les épaules et a quitté les lieux. Les rumeurs à mon encontre ont persisté. Partout où je me rendais, les femmes venaient me rapporter que tel *pradhan* ou que tel travailleur social m'avait présentée comme une voleuse. Je m'en moquais. La situation est devenue nettement plus tendue le jour où les chefs de village s'en sont mêlés. Ils étaient quatre ou cinq à n'avoir pas digéré l'humiliation publique de se voir souffler leurs prérogatives sous le nez. En faisant leur travail, j'avais ouvertement pointé du doigt leur incompétence. Un jour, j'ai reçu un appel de l'officier chargé du développement pour une convocation d'urgence. Je me suis rendue à son bureau dès le lendemain, en prenant soin d'apporter mes cinq mille formulaires déjà remplis.

— *Namaste*. Je suis Sampat Pal, vous avez demandé à me voir.

— *Namaste*, asseyez-vous. Plusieurs *pradhans* m'ont appelé pour se plaindre de vos agissements. Il paraît que vous remplissez vous-même des formulaires de carte d'emploi. Pourquoi faites-vous une chose pareille ?

— Parce que ces personnes veulent travailler.

— Ce n'est pas ce que je vous demande. Pourquoi faites-vous cela ? Ce n'est pas à vous de le faire.

— Parce que personne d'autre ne le fait.

— C'est le travail des *pradhans* et des *gram panchayat*.

— Je suis bien d'accord. Le problème, c'est qu'ils ne font rien. Alors, si moi je n'agis pas non plus, qui le fera ?

— …

— J'ai apporté avec moi cinq mille formulaires déjà remplis pour vous les remettre. Tenez.

— Je ne peux pas les prendre. Vous devez respecter la procédure.

— Écoutez, ces formulaires ont été remplis en bonne et due forme. Si vous refusez d'examiner ces demandes, je m'adresserai à l'officier chargé du développement du district. Et si l'officier chargé du développement du district refuse de m'écouter lui aussi, eh bien j'irai voir le magistrat du district. C'est ainsi, cette loi a été votée et ces cartes, d'une façon ou d'une autre, il faudra bien les délivrer. Je ne trompe personne, je me contente d'éveiller les consciences et d'informer les gens de leurs droits. Qui est-ce que cela dérange ?

— Très bien, je veux bien regarder ces demandes. Mais, en échange, vous devez me promettre de ne plus remplir de formulaires vous-même. En faisant notre travail, vous allez nous faire perdre notre poste.

— Si vous faites votre travail, il n'y a aucune raison que je vienne m'en mêler.

En quittant son bureau, j'étais satisfaite : j'avais remis cinq mille formulaires en main propre, on ne pourrait pas prétendre qu'ils avaient disparu ! Manifestement, ils ont tous reçu un avis favorable, car les cartes d'emploi ont commencé à arriver dans les foyers qui les avaient demandées. Partout, les chantiers ont fleuri dans les villages. Ils consistaient à replanter des arbres sur les zones touchées par la déforestation, à tracer des routes ou des ponts, à ériger des talus et de petits barrages pour retenir l'eau, à installer des canaux d'irrigation dans les champs ou encore à creuser des puits et des citernes. L'application du Schéma d'emploi garanti me semblait en bonne voie. Malheureusement, leurs bénéficiaires n'étaient pas encore au bout de leurs peines. Un jour, l'un d'entre eux est venu me montrer sa carte d'emploi, où chaque salaire qu'il avait reçu avait été noté et tamponné.

— Sampatji, pouvez-vous me dire ce qui est écrit sur cette carte ?

— Il est écrit que tu as travaillé pendant dix jours à la construction d'une digue dans ton village et que tu as touché 800 roupies.

— C'est bien ce que je pensais. En réalité, je n'ai pas reçu 800 roupies, je n'ai touché que 400 roupies.

— Pourquoi tu n'as pas réclamé les 400 roupies restantes ?

— Le *pradhan* m'a dit que le salaire normal était de 400 roupies.

— Emmène-moi chez tes voisins, je veux vérifier leurs cartes.

Chez les voisins, j'ai constaté la même chose : tous avaient perçu en réalité la moitié de la somme qui était tamponnée sur leur carte. Avec les femmes de mon gang, nous avons mené notre petite enquête dans d'autres villages, pour nous apercevoir que c'était une pratique courante. Ces *pradhans* qui prélevaient leur dîme sur la paie des habitants étaient des voleurs, ni plus ni moins. Je suis retournée au bureau du développement, de mon propre chef cette fois, pour porter plainte contre les *pradhans* des villages concernés. L'administration n'a pas traîné : les coupables ont été radiés de leurs fonctions immédiatement. Mais pour quelques ripoux attrapés, combien d'autres continuaient à agir en toute impunité ? Combien de chefs de village corrompus détournaient une partie de l'argent du Schéma d'emploi garanti ? Le seul moyen de le savoir, c'était de recourir au droit à l'information. Votée en 2005 dans un souci de transparence, la loi du droit à l'information permet à n'importe quel citoyen indien de réclamer à l'administration tout document, tout renseignement concernant un service de l'État. Il suffit pour cela d'adresser une demande officielle, moyennant 10 roupies, au responsable de l'information publique de son district, lequel doit répondre dans les trente jours. Dans ma requête, j'ai demandé que me soient communiqués le montant des fonds débloqués par l'État pour le district de Banda et des sommes reversées à chaque village, ainsi que le détail des travaux effectués, du nombre de personnes employées et des salaires déjà payés. Quand j'aurai la réponse, j'irai vérifier sur le terrain que les chantiers ont bien été entrepris et que ceux qui les ont exécutés ont bien reçu le salaire qui leur était dû.

Cette activité me prend désormais tout mon temps. L'enjeu est de taille : cette année, le sud de l'Uttar Pradesh a connu une sécheresse épouvantable. Les fermiers n'ayant plus assez d'eau pour irriguer leurs champs, ils partent chercher du travail dans les villes. Le pire, c'est que souvent, j'ai de la peine à les convaincre de réclamer un emploi dans leur village. À Rauli, dans le village de ma belle-famille, je dois me battre à la fois contre le dernier *pradhan* élu, un brahmane qui ne m'a jamais portée dans son cœur, et les membres de mon propre clan. À chacune de mes visites, je remets le sujet de l'emploi garanti sur le tapis. Il y a quelques semaines, des Gadarias m'ont fait appeler pour régler un différend entre deux frères qui s'étaient disputés à cause d'une chèvre. Tout le village s'est réuni sous le grand banyan de la place principale. On m'a invitée à m'asseoir sur un lit de corde tressée, en face du *pradhan*, qui, comme d'habitude, n'a pas réussi à cacher son agacement devant l'honneur qu'on me faisait. Dès que l'affaire de la chèvre a été plus ou moins réglée, j'ai profité de l'occasion pour interpeller le chef du village sur le sujet qui m'intéressait :

— Alors, vous avez trouvé des travaux pour le village ?

— Mmmmh… C'est en cours.

— Je vois que rien n'est encore décidé ! La mousson commence et vous n'avez toujours rien fait. Qu'est-ce que vous attendez ? Ce ne sont pas les idées qui manquent pourtant. Il faut que l'eau s'arrête dans ce village, sans quoi il ne produira plus rien. Vous devez construire des digues pour retenir l'eau, ainsi qu'une citerne pour réapprovisionner les pompes qui irriguent vos champs. Vous devez aussi replanter des arbres, pour que la terre absorbe l'eau à nouveau. N'attendez pas que le gouvernement vous vienne en aide spontanément. C'est à vous de vous prendre en main. Il en va de l'avenir de vos récoltes.

— Ce n'est pas ma faute si le gouvernement ne coopère pas.

— Comment ça, le gouvernement ne coopère pas ? Si vous souhaitez mettre en œuvre un chantier, le gouvernement débloquera les fonds, vous le savez très bien.

— Mais dans le village, personne ne veut d'un emploi garanti par le gouvernement.

— Comment ça ?

— Personne ne veut prêter un bout de son terrain pour creuser une citerne.

Je savais qu'il disait vrai. Les citernes, comme les barrages, sont creusées sur les terres des habitants. Le gouvernement a beau s'engager à ce que les parcelles prêtées restent leur propriété, ceux-ci sont méfiants et sont persuadés que l'État va en profiter pour leur confisquer leurs terres. Ils en oublient leurs propres intérêts : leurs champs seraient les premiers à profiter de l'eau de la citerne. En plus, ils seraient payés pour ce travail…

— Très bien, dans ce cas, je vais vous donner l'une de mes terres pour la creuser, cette citerne.

— D'accord, mais il faudrait que vous me fournissiez vos titres de propriété.

— Vous les aurez lors de ma prochaine visite. D'ici là, je veux que vous ayez commencé à monter le dossier.

Ce jour-là, mon mari était présent, comme chaque fois que je revenais dans son village. La terre que je venais de proposer au *pradhan* appartient en réalité à son père. J'en avais déjà parlé à mon mari : il était d'accord. De toute façon, ces terres ne servaient à personne et n'étaient pas cultivées. Autant qu'elles soient utiles à la communauté.

Heureusement, ce n'est pas toujours aussi difficile de convaincre les pauvres gens de réclamer un emploi. Aujourd'hui, à Manikpur, les gens m'écoutent attentivement. Les digues et les citernes, ils n'attendent que ça de les creuser. La plupart sont dans une situation désespérée : la sécheresse a été telle dans cette partie de la région que de nombreux villages n'ont même plus d'eau potable. La mousson qui arrive va les soulager temporairement, mais ne suffira pas à recharger les réserves d'eau pour l'agriculture. Quand la saison sèche reviendra, les fermiers ne pourront plus arroser leurs récoltes. Le spectre de la famine, que beaucoup craignent avec raison, se lit sur tous les visages. Il est midi, la chaleur est insupportable. Nous sommes tous fatigués, mais cette réunion a été efficace : j'ai fini par réunir une centaine de signatures sur la pétition rédigée par Jay Prakash. À quelques mètres de là, à l'intérieur du bâtiment, le responsable du développement nous observe par la fenêtre depuis une bonne heure. Quand je me décide enfin à lui porter la pétition, dans le bureau minuscule où il végète sous un ventilateur grinçant, il m'accueille avec un air blasé, mais prend tout de même la peine de se lever de son siège pour m'inviter à m'asseoir en face de lui.

— De quoi s'agit-il ?

Comme s'il ne le savait pas !

— Du Schéma d'emploi garanti. Dans les villages de la région, il n'est pas appliqué, les *pradhans* refusent de donner du travail aux habitants. Voici la liste de ces villages et la signature de tous les gens qui se sont vu refuser une carte d'emploi.

— Qu'attendez-vous de moi ?

— Que vous enquêtiez et que vous débloquiez la situation.

— Très bien, je vais voir ce que je peux faire.

Et voilà, c'est tout. Il ne me reste qu'à attendre de voir si notre action de ce jour va porter ses fruits. Je prends congé de la foule avec émotion. Les hommes, comme d'habitude, se tiennent à l'écart. En revanche, toutes les femmes viennent me toucher les pieds avec respect, se pressant autour de moi en me regardant comme si j'étais leur unique planche de salut. Je prends le temps d'échanger quelques mots avec chacune d'entre elles. Je veux que ces femmes qui n'ont rien sachent que je suis de tout cœur avec elles et que je remuerai ciel et terre pour leur venir en aide.

17

Terroriste

Cela fait une heure qu'ils sont là et l'on dirait que ma chambre a été balayée par un tsunami. Le matelas gît retourné dans un coin, les quelques effets qui étaient rangés dans la grande armoire sont éparpillés au sol et des feuilles de papier voltigent dans les airs. Même mes casseroles mangent la poussière à côté d'un sac de riz éventré. Quand ces hommes sont arrivés, en ce matin d'avril, j'ai cru qu'ils venaient solliciter mon aide pour les cas que je traite d'habitude. Ces trois-là étaient habillés en civil et rien ne les distinguait des autres visiteurs qui faisaient la queue devant mon bureau. Quand ils ont commencé à bousculer tout le monde pour passer devant, je me suis doutée qu'il se déroulait quelque chose d'inhabituel. Babuji, sur le moment, a pensé que c'étaient des journalistes. Je suis sortie sous le porche, afin de voir de quoi il retournait. Les trois hommes se sont alors plantés devant moi et, sans même dire bonjour, m'ont hurlé dans les oreilles :

— Nous sommes des agents des services secrets. On veut voir tes papiers. Tout de suite !

J'ai compris que ce n'était pas le moment d'argumenter et je suis allée chercher mes papiers dans la chambre. Ils se sont engouffrés dans mon sillage et se sont rués dans la pièce, sous les yeux hébétés de Babuji qui ne comprenait pas plus que moi ce qui se passait. Ils ont fouillé partout, retournant tous mes vêtements, inspectant mes ustensiles de cuisine et le moindre document qu'ils trouvaient. Impuissante, je les regardais faire en attendant qu'ils me donnent des explications.

— Asseyez-vous par terre tous les deux. Dépêchez-vous !

— Qu'est-ce que vous cherchez ?

— Tais-toi. Ici, c'est nous qui posons les questions. Ton nom ?

— Sampat Pal.

— Le sien ?

— Jay Prakash.

— C'est ton complice ?

— C'est mon bras droit.

— Le bras droit de ton gang ? C'est lui qui collecte les fonds ?

— Quels fonds ?

— L'argent de ton organisation. Où le cachez-vous ?

— Nous n'avons pas d'argent.

— Ne nous mens pas ! Nous savons que vous cachez de grosses sommes.

— Cherchez, vous ne trouverez rien.

— D'où vient l'argent qui vous sert à gérer votre organisation ?

— Seulement des cotisations des membres.

— Mensonges ! On vous soupçonne de financer des activités terroristes. Qui sont vos complices ?

— …

— Est-ce que vous fabriquez des bombes ?

— Des bombes ! C'est une blague ?

— Nous avons l'air de plaisanter ?

Non, décidément, ces gros malabars n'ont pas l'air de plaisanter. Ils nous cuisinent depuis une heure. Ils veulent tout connaître de mes activités, ils veulent savoir le nombre de membres dans mon gang, le montant des cotisations, les affaires sur lesquelles je travaille en ce moment… Manifestement, ils cherchent de l'argent, mais aussi des armes. Eux-mêmes n'en portent pas sur eux, mais ils n'en ont nul besoin : il est évident que leur petit raid dans notre bureau d'Atarra est une mission d'intimidation. Tout ce qu'ils ont trouvé, pour l'instant, c'est quelques kilos de riz et une dizaine de saris roses : la belle affaire ! Heureusement, on dirait qu'ils en ont assez. Enfin, ils repartent, les mains vides bien sûr. J'ai tout de même les jambes qui flageolent un peu.

Je n'ai même pas besoin de consulter Jay Prakash pour comprendre les raisons de cette descente absurde : il y a deux jours, Vikram Singh, le directeur général de la police de l'Uttar Pradesh, a ouvert une instruction à mon encontre. Vous imaginez ! Le chef de la police de l'État en personne ! Et pourquoi pas le Premier ministre de l'Inde ? Il m'a accusée d'être une terroriste naxalite. Les naxalites sont des rebelles extrêmement violents qui, sous prétexte de se battre pour la libération des plus pauvres, assassinent des policiers. À ce jour, ils en ont abattu environ deux mille dans les différents États où ils sont implantés, dont l'Uttar Pradesh. Évidemment, je n'ai rien à voir avec ces gens-là, qui sont à la tête d'organisations puissantes et disposent des armes les plus modernes. Seulement, voilà, les accusations pitoyables de Vikram Singh, qui entendait démontrer que les naxalites finançaient mon gang et que mon travail social auprès des femmes n'était qu'une couverture, ont fait du bruit. Hier, des journalistes de Lucknow m'ont appelée pour me demander de commenter ces accusations. Je n'ai pas mâché mes mots :

— C'est ridicule. Le Gulabi gang est un gang de justice. En ce moment, nous nous battons contre les *pradhans* et des ministres du BSP corrompus qui détournent les fonds du gouvernement destinés à financer l'approvisionnement en eau potable et le Schéma d'emploi garanti dans les campagnes. Ces derniers temps, les femmes de mon gang ont été amenées à demander publiquement des comptes à des *pradhans* lors de différentes assemblées de village. Nous avons déposé plusieurs plaintes et je les soupçonne d'avoir orchestré ce complot pour me décrédibiliser.

— Vous soupçonnez quelqu'un en particulier ?

— Oui, je pense à Gyan Singh, le *pradhan* de Thanel, dans le district de Banda. C'est un proche de certains ministres, et notamment du ministre en chef de l'Uttar Pradesh : cela ne m'étonnerait pas qu'il ait inventé cette histoire farfelue pour se venger.

Le soir même, Mayawati, le ministre en chef, a implicitement reconnu que le directeur général de la police avait fait une boulette : Brij Lal, le directeur général adjoint de la police chargé de l'application de la loi et de l'ordre, a déclaré que le Gulabi gang était bien une organisation à vocation sociale dont l'objectif était de veiller au respect des droits des femmes. Nous étions blanchis. Il semblerait donc que les trois policiers, venus des postes de Badausa, d'Atarra et de Naraini, aient fait preuve d'excès de zèle en maintenant leur petite descente de ce matin !

Ce Vikram Singh mérite une petite leçon. Je sors mon calepin et compose les numéros de téléphone de plusieurs journalistes de la région, pour leur donner rendez-vous dans un temple hindou. Le lendemain, ils sont tous là. J'ai apporté un plateau de victuailles avec moi. Mon offrande dans les mains, je me dirige vers l'autel, dépose mon plateau devant la divinité et m'agenouille pour prier à haute voix :

— Mon Dieu, comme vous le savez, notre bien-aimé directeur général de la police a perdu la tête. Ce pauvre homme semble souffrir énormément. Je vous en prie, faites qu'il recouvre la santé le plus tôt possible.

Sur ce, j'allume une bougie de beurre clarifié et me retire sous le regard des journalistes hilares. Ce coup-là, Vikram Singh aura du mal à le digérer. Il l'aura bien cherché, aussi. Une semaine plus tard, il me présente officiellement ses excuses. Tout ça pour ça… Décidément, ces imbéciles de policiers ne changeront jamais.

18

Sadhu

En l'espace d'une année, j'ai perdu ma mère et mon père. Ils n'étaient pas particulièrement vieux, ni même en mauvaise santé. Quand Ammaji est tombée malade, j'ai cru qu'elle était entre de bonnes mains. Malheureusement, le docteur n'a rien pu faire, elle a eu de la fièvre pendant quinze jours, puis elle s'est éteinte. À l'époque, un journaliste de la télévision anglaise était venu faire un reportage sur moi, il avait traversé l'océan pour venir me voir. Ma mère, elle, était morte et rien ne pouvait la ramener à la vie. Je suis donc restée à Atarra avec le journaliste et j'ai attendu son départ pour me rendre aux funérailles, à Kairi. J'étais très triste, mais c'était le destin, je devais l'accepter. En mars dernier, mon père est mort à son tour. Lui qui n'avait jamais été malade, pas même d'un petit rhume, s'en est allé en deux jours. Depuis, je pense à mes parents tous les jours. Quand on me demande de parler d'eux, les mots restent coincés dans ma gorge et les yeux me brûlent. Je n'ai pas souvent pleuré dans ma vie : jusque-là, la seule véritable souffrance que j'avais connue, c'était quand on m'avait chassée de Rauli, le village de mon mari. J'en suis sortie plus forte et je remercie ma belle-famille de m'avoir jetée dehors : sans elle, je ne serais jamais devenue la femme que je suis aujourd'hui. Pourtant, quand j'ai pris conscience de la disparition de mes parents, les larmes ont coulé pendant des heures et tous mes souvenirs me sont revenus en rafale. Ils ont mené une existence si différente de la mienne ! Jusqu'à la fin, ils ont vécu comme des bouseux, dans un village perdu au milieu de nulle part. Jamais ils n'ont rêvé d'autre chose, mon père surtout, que de terre et de bétail. Mon frère Shiv Naresh et moi sommes les seuls à nous être sortis de cette vie de bête pour mener une existence normale.

Et pourtant, je dois tant à mes parents. Cet amour qu'ils ne m'ont jamais témoigné quand j'étais enfant, j'ai senti qu'ils me l'avaient transmis autrement. Ce n'étaient pas des gens affectueux, mais ils étaient profondément généreux. Vous ai-je dit qu'ils avaient adopté quatre enfants par pure charité ? Le premier, un garçon nommé Misri Lal, était le fils d'un ami de mon père, un brahmane. Un jour, sa femme, qui n'avait pas vu ses parents depuis longtemps, a voulu leur rendre visite malgré l'interdiction de son mari. Il l'a laissée partir mais a refusé qu'elle emmène leur fils, qui n'était pourtant qu'un bébé à l'époque. Quand la mère est revenue, elle a trouvé porte close. Il lui a dit qu'elle pouvait retourner vivre chez ses parents, qu'elle n'était plus sa femme désormais. La malheureuse n'a même pas pu revoir son fils. Ce brahmane s'est cependant rapidement rendu compte qu'il était incapable d'élever seul un nourrisson. Il nous l'a donc amené, et mes parents l'ont pris chez eux. Ma mère, qui allaitait ma sœur à l'époque, a tout naturellement donné le sein aux deux bébés. Misri Lal a vécu pendant douze ans chez mes parents. Puis il est retourné chez son père, qui a finalement accepté que sa femme revienne vivre avec lui. Aujourd'hui, Misri Lal est avocat et vit à Atarra, mais, quand il s'est marié, c'est ma mère qui a tout organisé pour lui. Il l'a toujours considérée comme sa seconde mère.

Mes parents se sont également occupés de trois orphelines. Elles avaient déjà perdu leur mère, toutes jeunes, puis leur père est tombé gravement malade à son tour. Se sachant mourant, il a fait appeler mon père et lui a demandé de prendre en charge ses filles, qui avaient alors entre douze et quinze ans. Elles avaient plusieurs années de plus que moi et ne sont restées que deux ou trois ans sous notre toit, le temps que mes parents leur trouvent un mari : ce sont eux qui ont organisé et payé leurs noces, comme ils l'auraient fait pour leurs propres filles. Aujourd'hui, elles font toutes les trois partie de mon gang. Quand elles rendent visite à mon oncle et à ma tante, qui vivent encore à Hanuman Dhara, elles sont reçues comme des membres de la famille. Elles savent aussi qu'elles sont chez elles dans ma maison à Badausa.

Mes parents n'étaient peut-être pas éduqués, mais ils avaient des qualités humaines qui, encore aujourd'hui, m'inspirent un profond respect. Ammaji avait du cœur et Bappaji était un homme si courageux. Il y a trois ans, quand mon frère lui a raconté que j'avais giflé le policier qui menaçait de s'en prendre à Jay Prakash, mon père, sous le choc, lui a emprunté son portable pour me passer immédiatement un coup de téléphone.

— Sampatji, c'est Bappa au téléphone. J'ai appris que tu avais donné une claque à un policier. Pourquoi as-tu fait ça ?

— Ce policier est un agent du service public, il est

au service de l'État, et donc du peuple. S'il ne fait pas correctement son travail, il est normal de lui donner une leçon, non ?

— Hum… c'est vrai, tu n'as pas tort. C'est même une très bonne réponse ! Mais tout de même, tu y es allée fort. Je me demande d'où tu tiens cette intransigeance…

— Mais de toi, Bappaji, qui d'autre ?

— De moi ? Que veux-tu dire ?

— Tu te souviens de ce voisin qui avait récolté les lentilles sur un hectare d'un champ qui t'appartenait ?

— Oui, eh bien ?

— Pour le punir, tu étais allé récolter les lentilles sur cinq hectares lui appartenant ! Quelle est la différence avec moi ? On me frappe une fois, je frappe deux fois en retour, tout comme toi. Je t'assure, c'est bien le même sang qui coule dans nos veines !

— Mais toi, tu prends beaucoup de risques, Sampat.

— Pas plus que toi, Bappaji. Rappelle-toi ce que tu avais dit au voisin quand tu avais moissonné ses terres : « Tes lentilles sont stockées dans ma maison. Si tu les veux, viens les chercher. » Ton voisin était tellement terrorisé qu'il n'est jamais venu réclamer ses propres lentilles ! Avec le policier que j'ai giflé, c'est la même chose : mon geste l'a tellement stupéfié qu'il n'a pas osé me rendre la pareille, il ne savait pas jusqu'où j'étais capable d'aller et a sans doute estimé qu'il avait plus à perdre que moi.

Mon père est convenu que je n'avais pas tort. En réalité, mon tempérament un peu fougueux l'amusait. Quand j'étais enfant et que des parents en colère venaient se plaindre de moi à la maison, mon père, à la différence de mon oncle, qui leur promettait qu'il allait me faire la leçon, leur répondait en haussant les épaules et le sourire aux lèvres :

— Ma fille mène ses propres combats contre l'injustice. Qu'est-ce que j'y peux ? Franchement, vous croyez qu'avec son caractère elle va m'écouter ?

Cela ne l'empêchait pas de me prendre au sérieux. Seulement, il ne se rendait pas bien compte de ce qu'était ma vie. Peu après la mort de ma mère, un autre journaliste étranger, américain cette fois, est venu me rencontrer à Atarra et a demandé à rencontrer mon père. Quand nous avons débarqué à Hanuman Dhara, dans un gros 4 × 4, mon père ne m'a pas tout de suite reconnue. Le regard curieux, les deux mains posées sur l'extrémité de son bâton, il nous a regardés comme si nous venions d'une autre planète. Passé un temps de surprise, il s'est rendu compte, alors que je m'approchais pour lui présenter mes respects, que c'était bien moi, sa fille.

— *Namaste,* Bappaji.

— *Namaste*, Sampatji.

— Je t'ai amené quelqu'un qui souhaitait te rencontrer.

— Moi ? Mais pourquoi ? Qu'est-ce qu'il me veut ?

Mon père avait l'air affolé. Heureusement, mon frère était là pour le rassurer.

— Bappa, ne t'inquiète pas. Ce monsieur est journaliste. Il vient de très loin pour écrire un article sur Sampat. Et il aurait quelques questions à te poser.

— Mais qu'est-ce qu'elle a encore fait ?

— Rien, il s'intéresse à son travail avec les femmes et à sa lutte contre l'injustice. Tu sais, notre Sampat est devenue une personne très connue !

— Oh !

« Oh ! » : c'est tout ce que mon père a dit. Bappa était un très bel homme, son regard intelligent et sa façon de se tenir toujours bien droit lui donnaient fière allure. Il parlait peu, mais quand il ouvrait la bouche, il s'exprimait de façon posée. Jamais on n'aurait pu se douter qu'il n'avait pas fait d'études. Mais là, pour la première fois, j'ai vu son visage se décomposer. Manifestement, les explications de mon frère l'avaient plongé dans un profond désarroi. Tout cela était si nouveau pour lui. Régulièrement, je le tenais au courant de mes activités. Il savait que j'organisais des réunions d'information dans les villages, que je tenais tête à des brahmanes et que je faisais des sit-in devant les postes de police. Mais il n'en avait pas vraiment mesuré la portée : tout cela était si éloigné de sa vie. Il imaginait encore moins que mon travail pouvait me valoir une quelconque reconnaissance. Et là, je lui amenais un étranger, un Blanc, qui devait venir de très loin, uniquement pour voir sa fille… Il m'a regardée comme s'il ne m'avait jamais vue auparavant, puis il a observé le journaliste, comme pour vérifier que tout cela était bien vrai, et son regard s'est posé de nouveau sur moi. Soudain, il a fondu en larmes. Le journaliste était très embarrassé, moi, j'étais bouleversée.

— Bappaji, pourquoi pleures-tu ?

— Ah ! Sampat, si tu savais comme je suis désolé.

— Désolé ? Mais pourquoi ?

— Si seulement je t'avais laissée poursuivre ta scolarité comme tu le souhaitais, si seulement je t'avais mieux éduquée, tu serais devenue une personne formidable, tu aurais accompli de très grandes choses, je m'en rends bien compte maintenant…

Il avait l'air sincèrement malheureux, mais surtout, j'ai compris qu'il avait honte. Cela m'a retourné le ventre. Très émue, j'ai tenté de n'en rien laisser paraître devant le journaliste, par pudeur sans doute. Quand celui-ci, après avoir posé ses questions, a pris congé, mon père m'a entraînée un peu à l'écart.

— Dis-moi, la prochaine fois que tu tiendras une réunion, préviens-moi, je veux venir te voir.

J'étais tellement contente qu'il s'intéresse à ce que je faisais ! Deux semaines plus tard, je l'ai fait prévenir par mon frère – mon père n'avait pas de téléphone à Hanuman Dhara – que je participais à un grand meeting pas très loin de chez lui. Mon frère l'a accompagné en *tempo* collectif. Quand il est arrivé, il a été surpris par la foule venue m'écouter. J'avais réuni tous les habitants du village pour militer en faveur de la construction d'une route. N'osant pas s'asseoir devant le micro, mon père est resté sur le côté. Quand j'ai pris la parole, il m'a écoutée religieusement, sans faire un seul commentaire à mon frère qui était à ses côtés. Quand j'ai fini, il s'est rué vers l'estrade pour me féliciter. Lui qui était d'ordinaire si peu démonstratif jubilait comme un gosse.

— Où as-tu appris à parler comme ça ? Ce n'est pas moi qui t'ai appris toutes ces choses, je serais incapable de m'exprimer comme tu le fais !

La fierté qui se lisait dans ses yeux m'a transportée de bonheur. Par la suite, il est revenu plusieurs fois écouter mes interventions. Je crois qu'au fond tout cela l'intriguait.

Ma mère, elle, n'a jamais compris les implications de mon travail. C'était une femme trop simple pour envisager qu'on puisse se révolter contre l'ordre établi. Pauvre Ammaji. Elle ne s'est jamais remise d'avoir eu deux enfants qui sortaient des sentiers battus : Ram Lal, mon premier frère, âgé de dix ans de moins que moi, en avait à peine huit quand il s'est enfui de la maison pour la première fois. Je vivais à Rauli à l'époque. Une nuit, j'ai rêvé qu'un homme emmenait mon frère très loin. Je me suis réveillée en sueur, envahie par un étrange pressentiment. Deux jours plus tard, j'ai rendu visite à la famille à Hanuman Dhara et j'ai parlé de mon étrange rêve à ma grand-mère et à ma mère. Elles se sont moquées de moi :

— Eh bien, Sampat, depuis quand crois-tu aux rêves ?

Quelque temps après, un *sadhu* – un mystique ayant fait vœu d'austérité – vêtu d'un simple *lungi* orange enroulé autour des hanches, est venu au village. Mon frère Ram Lal gardait les chèvres plus loin sur la colline. C'est un voisin qui nous a raconté ce qu'il avait vu : le *sadhu* est venu saluer Ram Lal, qui était assis en tailleur par terre à regarder les plantes, l'une de ses grandes passions. D'après le témoin de la scène, Ram Lal aurait alors coupé quelques herbes et les aurait offertes à l'homme dépenaillé, lequel lui aurait donné des cendres en échange. Dieu seul sait ce qu'ils se sont dit ! Ce qui est sûr, c'est que Ram Lal s'est levé et a laissé toutes les chèvres en plan pour suivre le *sadhu*. Le soir, Ram Lal n'est pas revenu à la maison, ni les jours suivants. Avec l'aide de tout le village, on l'a cherché partout sur la colline, et ce jusqu'à Chitrakoot, la ville en contrebas. Ma mère, elle, n'a pas cessé de pleurer, au point d'en tomber malade. Elle était faible et avait du mal à se lever : c'était déchirant de la voir dans cet état. Au bout d'une semaine, des gens ont retrouvé Ram Lal dans la forêt, assis au pied d'un arbre, les yeux dans le vague et comme perdu dans ses réflexions. Ils l'ont ramené chez nous.

Ram Lal ne nous a jamais dit ce qu'il avait fait pendant son absence. En réalité, il ne nous a plus jamais dit grand-chose : il s'est muré dans une espèce de silence méditatif, dont il ne sortait que pour psalmodier le nom de Dieu. Mes parents l'ont même emmené voir un médecin, qui lui a prescrit je ne sais quel remède. Cela n'a rien changé. Après sa fugue, il est resté pendant sept ans chez mes parents. Mais il était là sans être là, il ne vivait pas vraiment avec nous, son esprit voyageait ailleurs. À quinze ans, il s'est enfui de nouveau. Cette fois, mes parents ne sont pas partis à sa recherche. Nous avons appris plus tard qu'il avait rejoint Brindavan, près de Mysore, à deux mille kilomètres de chez mes parents. Ce village, où l'on dit que Krishna a vécu quand il était enfant, attire des milliers de pèlerins chaque année. Là-bas, Ram Lal s'est fait *sadhu*, se détachant définitivement de toutes les contingences matérielles de son ancienne existence, pour se consacrer à une vie de renonciation et d'austérité. Aujourd'hui, il est un *guru* réputé, connu sous le nom spirituel de Balakdas Ramlalji.

Ma mère ne s'est jamais remise de son départ. La douleur infligée par la première fugue de Ram Lal a laissé chez elle des séquelles psychologiques permanentes. Avec le recul, je pense qu'elle a été dépassée par les destins exceptionnels de deux de ses enfants : pas plus qu'elle n'avait accepté de voir Ram Lal quitter le monde, elle n'a compris ma vocation. Deux enfants *sadhus*, c'était trop pour elle : parce qu'à ma manière, moi aussi, je me considère comme un *sadhu* : pas dans le sens religieux du terme, mais plutôt par mon propre renoncement au confort de la vie matérielle. En fait, je ne prends pas soin de moi. Toujours en vadrouille, je me nourris mal, me contentant de grignoter quelques chips quand j'aperçois une échoppe sur la route. Régulièrement, Babuji me rappelle à l'ordre et me supplie de faire une pause pour avaler un morceau.

Le matin, avec toutes les femmes qui déboulent au bureau dès l'aube, j'ai à peine le temps de faire ma toilette. Le plus souvent, j'enroule rapidement mon sari, avant de siroter un *tchaï* brûlant en recevant mes premiers visiteurs. Je porte le même sari vert à fleurs roses depuis des années. Je ne me maquille pas, ne mets jamais de rouge à lèvres. Quant à mes bijoux, cela fait longtemps que je les ai pratiquement tous vendus pour acheter des terres à Rauli, un investissement pour l'avenir de mes enfants. Ma seule coquetterie, c'est la teinture noire que j'applique une fois par mois sur mes cheveux : il y a quelques années, ils sont devenus tout gris et j'ai décidé de les couper un peu.

Je ne me permets aucune autre frivolité. Je n'ai même pas de véritables amies, si ce n'est les personnes avec lesquelles je travaille : les membres de groupes d'entraide ou les femmes de mon gang. Toute autre amitié serait inutile à mes yeux. Quand je croise dans la rue Rita et Rampa, les premières femmes que j'ai rencontrées en arrivant à Badausa, il nous arrive d'aller manger ensemble, mais c'est uniquement pour parler de travail. Jamais je ne pourrais confier mes sentiments à quelqu'un d'autre. De toute façon, ma vie personnelle n'a aucune importance : ma seule obsession, c'est le travail. Attention ! Je ne me plains pas ! Personne ne me force à mener cette existence, elle me plaît ainsi, c'est tout. Je ne trouve mon énergie qu'en restant active. Quand je reste à la maison et ne reçois aucune visite pendant trois jours, je me sens fatiguée… Surtout, je mène ma vie comme je l'entends, n'ayant de comptes à rendre à personne et aucun horaire fixe, me couchant et me levant à l'heure que je veux. Les seules fois où je laisse mon travail en plan, c'est quand ma famille a besoin de moi. Je voudrais tellement pouvoir m'y consacrer plus pleinement. Je reconnais qu'il doit être frustrant pour mon mari et mes enfants de me voir en coup de vent alors que je suis disponible pour des milliers de personnes vingt-quatre heures sur vingt-quatre… J'ai onze petits-enfants et je les vois rarement. Toutefois, je m'arrange pour retourner à Badausa le plus souvent possible. J'ai également équipé mes filles de portables et j'accours dès qu'elles m'appellent.

Le bonheur ? Je ne sais pas ce que c'est. Ou plutôt si. Quand je pense au bonheur, je pense à ce *dalit* que j'avais poussé à organiser un groupe d'entraide dans son village. Il m'avait répondu :

— Pour quoi faire ?

Il ne croyait pas dans la force du groupe, il ne voyait pas non plus l'intérêt de mon gang. Nous nous étions même disputés à ce sujet. Un jour, un brahmane l'a expulsé de chez lui et s'est installé dans sa maison, en prenant même soin de mettre un verrou sur la porte, au cas où il prendrait l'envie de revenir à l'ancien occupant des lieux. Le *dalit* est allé voir la police, qui lui a ri au nez. Puis il s'est rendu chez le magistrat du district, qui l'a éconduit. En désespoir de cause, le *dalit* est même allé à Lucknow, demander une audience à Mayawati : elle ne l'a jamais reçu. Le pauvre dormait à la belle étoile, il ne savait plus auprès de qui plaider sa cause. C'est un autre *dalit* de son village qui lui a suggéré mon nom :

— Mais pourquoi n'irais-tu pas consulter Sampat Pal ?

— Impossible, elle s'est déjà adressée à moi par le passé et j'ai refusé son aide. Je n'oserais pas la regarder en face.

— Vas-y, je te dis.

Il est arrivé un soir vers 20 heures. Babuji et moi

venions de nous mettre à table quand j'ai entendu quelqu'un qui m'appelait à l'extérieur. Alors que je m'apprêtais à sortir pour voir qui c'était, Babuji m'a arrêtée :

— Finis de manger d'abord, ce type attendra.

Je n'ai pas pu m'empêcher de passer la tête par la porte et j'ai reconnu le *dalit*. Aussitôt, je suis sortie, malgré les soupirs de Babuji. Le *dalit* était venu avec sa femme, ce devait être important.

— Alors, tu as fini par venir me voir finalement ? On m'a raconté que tu avais été expulsé de chez toi. Je parie que tu n'as obtenu aucun résultat en t'agitant tout seul de ton côté !

Cet homme s'était présenté la tête basse, il n'avait même pas osé prononcer un mot. Pourtant, je n'avais pas pu m'empêcher de le narguer : je l'avoue, je triomphais. En me voyant hilare, le *dalit* est devenu tout rouge et a fondu en larmes. Sa femme était très gênée, mais je voyais bien que les larmes étaient tout près de jaillir chez elle aussi. Pour ma part, je voulais disparaître sous terre : j'avais tellement honte de mon attitude. Cet homme se faisait violence pour venir me voir, il faisait preuve d'humilité et je l'avais humilié. Pire, je l'avais fait pleurer ! La gorge serrée, je me suis précipitée à l'intérieur pour prévenir Babuji :

— Finis mon assiette, je n'aurai pas le temps de manger : j'accompagne cet homme dans son village.

— Maintenant ? ! Mais il va faire nuit !

— Ce n'est pas grave, je dois absolument y aller.

À 21 heures, nous sommes arrivés dans son village, dans le quartier des intouchables, où nous avons frappé à toutes les portes pour mobiliser le plus de monde possible. Je leur ai donné rendez-vous le lendemain, devant la maison occupée par le brahmane. Le matin, tous m'y attendaient. Le brahmane a refusé de sortir de chez lui, mais je lui ai parlé de l'extérieur.

— Tu peux rester enfermé, cela ne changera rien. Nous allons rester devant chez toi, toute la journée s'il le faut. Et si tu restes cloîtré jusqu'à ce soir, nous reviendrons demain. Nous reviendrons tous les jours, jusqu'à ce que tu rendes cette maison qui ne t'appartient pas.

Le brahmane n'a pas tenu deux jours, ce pleutre n'a même pas osé envoyer quelqu'un chercher la police. Le *dalit* et sa femme ont récupéré leur logis : ce jour-là, j'étais heureuse. Ma vie, en réalité, est faite de tous ces petits bonheurs : quand j'obtiens qu'une personne récupère sa maison, sa terre, ou simplement quand je réussis à faire enregistrer sa plainte. Chaque petit changement est déjà un grand changement en soi. Et ce que je veux, justement, c'est changer le monde, ni plus ni moins. Toutes proportions gardées, je suis un peu comme le Mahatma Gandhi : lui aussi s'est battu pour le peuple, par des petites actions qui semblaient anodines à l'époque. La seule différence, c'est que mon visage ne sera sans doute jamais imprimé sur les billets de 20 roupies ! À l'époque de Gandhi, combien étaient-ils, tous ceux qui œuvraient dans l'ombre pour les pauvres et les démunis ? Comme ces milliers de petites fourmis anonymes, j'essaie, moi aussi, d'agir à mon humble niveau. Chacun peut faire tellement tout en restant à sa place, et encore plus en prenant la main de ses semblables.

Je ne sais pas si ma place est en politique et je me contrefiche de ce que l'on peut penser de moi. Je ne travaille ni pour l'argent ni pour la gloire. Mais j'ai conscience que l'un et l'autre pourraient me permettre d'agir plus efficacement encore. Heureusement, si je fais du bon travail, je ne doute pas qu'un jour cela finira par se savoir. Il y a un an, déjà, une vieille dame aux cheveux blancs m'a rendu visite. Elle venait des États-Unis, où elle avait lu un article qui parlait de mon gang dans un journal national. Piquée par la curiosité, elle a profité d'un voyage en Inde pour faire le détour par Atarra : et pour supporter les six heures de route défoncée depuis Lucknow, elle devait être motivée ! Nous n'avons pas beaucoup parlé : elle ne parlait pas le banfari, ni même l'hindi. Quant à moi, je savais seulement compter jusqu'à cent en anglais ! En revanche, elle m'a suivie pendant toute une journée. Ce qu'elle a vu a dû lui plaire, car, au moment de me dire au revoir, elle m'a tendu une enveloppe bourrée de dollars. Je m'en suis servie pour acheter quarante-quatre machines à coudre, grâce auxquelles j'ai ouvert quarante-quatre centres de formation dans le district de Chitrakoot, gérés par autant de filles, issues des castes les plus diverses, que j'avais formées au cours de ces dernières années. Je destine ces centres, notamment, aux épouses abandonnées par leur mari et qui se retrouvent sans aucun moyen de subsistance. Le but est de leur apprendre à coudre des jupons et des blouses qu'elles pourront revendre ensuite sur le marché. Avec plus d'argent, je pourrais améliorer ces centres, les professionnaliser davantage par exemple.

Pour l'instant, les seules donations que j'ai reçues viennent de journalistes et de visiteurs étrangers. J'ai commencé à recevoir la visite de certains d'entre eux en 2007 : des Américains, des Anglais, des Français, mais aussi un Italien, et même un Coréen ! Dans mon pays, pourtant, la presse ne s'intéresse que très peu à moi. J'ai conscience que la reconnaissance de mon travail par les Indiens passera par celle de la scène internationale. Regardez le biologiste Har Gobind Khorana : s'il n'avait pas émigré aux États-Unis, il n'aurait pas eu le prix Nobel en 1968 et n'aurait jamais été connu en Inde. C'est aussi pour cela que j'ai accepté d'écrire ce livre. Et puis, comme tous ces voyageurs venus du bout du monde, je rêve, moi aussi, de découvrir d'autres pays, de connaître de nouveaux horizons. Je voudrais tellement discuter avec d'autres femmes, leur dire que malgré les différences linguistiques, culturelles et économiques, les femmes connaissent les mêmes problèmes sur tous les continents.

On m'a parlé d'une réplique de la statue de la Liberté à Paris : si j'ai la chance de la voir un jour, je me prosternerai devant et je prierai pour la libération de toutes les femmes d'Inde, où elles sont retenues prisonnières par des chaînes invisibles, mais plus résistantes que le titane.

Chant de guerre

Ji ski ladai, usi ki aguwai ! Que tous les exploités mènent la bataille !

Nous devons éradiquer l'exploitation et la corruption

Nous devons nous réunir, nous organiser

Jusqu'ici, nous avons toutes été exploitées

Si je suis exploitée aujourd'hui, demain, ce sera ton tour

Si tu veux avoir une chance de connaître un avenir meilleur, rejoins notre gang.

Ji ski ladai, usi ki aguwai ! Que tous les exploités mènent la bataille !

Table

Achevé d'imprimer en Espagne
chez Liberduplex (Barcelone)
en octobre 2010

POCKET - 12, avenue d'Italie - 75627 Paris Cedex 13

Dépôt légal : novembre 2010
S 19281/01